200번 넘게
읽어준
그림책

200번 넘게 읽어준 그림책

이태용 지음

또 읽어 주세요!!!

빨리 넘겨봐요.
어떻게 되었어요?
다음엔 무슨 책 가져올 거예요?

학고재

들어가며
왜 그림책을 읽어주어야 할까?

작년 여름 방학 때, 한 중학교 도서실에서 아이들 열다섯 명과 월요일부터 목요일까지 나흘간 수업을 했습니다. 수업 제목은 '그림책과 함께하는 원예 교실'. 원래 원예수업은 여자아이들이 많은데 대부분 남자아이들인 게 이상해 사서 선생님께 여쭤보았더니, "학교 생활기록부에 들어간다고 했더니, 남자아이 엄마들이 많이 신청했더라고요."라는 대답이 돌아왔습니다. 방학인데 늦잠도 못 자고 오전 10시에 억지로 나온 아이들 표정에는 불만이 가득했습니다. 제가 그림책을 꺼내들자, 아이들의 시큰둥한 표정은 이렇게 말하고 있었습니다.

'어디 한번 읽어보시지. 내가 재미있어 하나 보라고!'

저는 첫날 『꽃을 좋아하는 소 페르디난드』(먼로 리프, 로버트 로슨, 비룡소)를 읽어주었습니다. 페르디난드가 늘 친구들과 안 어울리고 혼자 나무 밑에서만 지내자, 어느 날 엄마는 걱정하며 괜찮은지 묻습니다. 하지만 페르디난드는 지금 이대로가 좋다고 하고, 엄마는 아들을 믿고 뒤돌아섭니다. 순간 여기저기에서 남자아이들의 볼멘소리가 터져 나왔습니다

"나도 그냥 내버려두면 좋겠어요."
"우리 엄마는 왜 안 그러냐고요."

단지 그림책 몇 쪽을 읽어줬을 뿐인데 저는 금세 아이들과 같은 편이 된 듯했고, 그 덕분인지 목요일까지 대부분 아이들은 수업에 열심히 참여하였습니다.

사실 『꽃을 좋아하는 소 페르디난드』는 저에게도 매우 뜻깊은 그림책입니다. 지금은 성인이 된 큰아이가 고등학교 3학년 때, 어느 날 갑자기 저에게 전화를 했습니다. 보통 때는 제가 문자를 보내도 잘 읽지 않는 아이가 웬일로 전화를 했나 싶어 급히 받았습니다.

"아빠, 지금 학원 가다가 버스 옆에 붙어 있는 에니메이션 영화 광고를 봤는데요. 제목이 '페르디난드'예요. 그거 혹시 옛날에 아빠가 읽어준 그림책 아니에요?"

제가 『꽃을 좋아하는 소 페르디난드』를 읽어준 건 아마도 큰아이가 예닐곱 살 때였을 겁니다.

그즈음 저는 10여 년의 회사 생활을 접고 가족과 함께 일본 생활을 시작했습니다. 그리고 그때 유치원에 다니던 큰아이와 많은 시간을 함께 보냈습니다. 그 가운데 가장 기억에 남는 건 뭐니 뭐니 해도 동네 도서관에서 그림책을 빌려와 함께 보던 일입니다. 그때 저는 큰아이에게 그림책을 열심히 읽어주었습니다. 제가 그림책을 좋아하기도 했거니와, 아빠로서의 책임감을 느꼈기 때문입니다. 이렇게 한 권 두 권 읽어주는 사이 큰아이와 붙어 있는 시간이 점점 길어졌습니다. 큰아이가 지금 무슨 말을 하고 싶어 하는지, 어떤 생각을 하고 있는지도 어렴풋이 알게 되었습니다. 저와 큰아이가 무언가 보이지 않는 끈으로 이어져 있다는 느낌도 들었습니다. 어쩌면 저는 이 소중한 경험을 좀 더 많은 아이와 오랫동안 하고 싶어서 지금까지 '그림책 읽어주기'를 해오고 있는지도 모릅니다.

큰아이는 십여 년 전 아빠가 읽어준 그림책을 기억하고 있었던 겁니다. 그리고 그 기억을 저에게 알려주고 싶어서 전화까지 걸었던 거고요. 그날 저녁 집에 돌아와 물어보니, 큰아이는 그림책 내용도 거의 잊지 않고 있었습니다. 그날 하루 큰아이는 마음속의 서랍 하나를 열어 십여 년 전 기억을 끄집어내는 시간을 가졌고, 저는 '그림책 읽어주기'의 놀라운 힘을 새삼 확인하는 시간을 가졌습니다.

몇 해 전 어느 도서관에서는 어른들에게 작가 하야시 아키코(林明子, 1945~)의 작품들을 몇 주에 걸쳐 읽어드릴 기회가 있었습니다. 하루는 『순이와 어린 동생』과 『이슬이의 첫 심부름』(이하 한림출판사)를 이어서 읽어드렸는데, 그림책을 보는 어른들의 눈빛이 제가 유치원에서 만나는 아이들의 눈빛처럼 반짝였습니다. 두 권을 다 읽어드린 다음 이야기를 나누는데 한 분이 이런 말씀을 하셨습니다. "제 어린 시절의 조각조각들을 한데 모아놓은 것 같아요." 다른 분들도 모두 공감하는 듯 고개를 끄덕였습니다. 그 자리에 참석한 어른들 대부분은 이제껏 누군가가 읽어주는 그림책을 보기보다는 자신이 아이에게 그림책을 읽어주는 시간이 더 길었을 텐데요. 짧은 시간이나마 다른 사람의 목소리로 이야기를 듣고 그림을 보면서 잊고 있던 나 자신을 다시 만난 겁니다.

왜 그림책을 읽어주어야 할까요? 그림책 한 권을 읽어주는 짧은 시간 동안 그림책에서 빠져나온 글과 그림은 공중을 돌아다니며 어른과 아이처럼 다른 세대를 이어주기도 하고, '과거의 나'

와 '현재의 나'처럼 여러 시공(時空)의 나를 이어주기도 합니다. 그런 시간을 거치며 우리는 조금씩 진짜 나를 알아가는 걸지도 모르겠습니다. 지금보다 더 많은 어른과 아이가 이런 특별하고도 놀라운 경험을 하면 좋겠습니다.

이 책에는 지금까지 제가 아이들에게 적어도 200번은 읽어준 그림책 25권의 이야기가 담겨 있습니다. 이 25권은 하도 많이 읽어주다 보니 너덜너덜해져서 몇 번이고 다시 샀지만, 저는 맨 처음에 읽어준 낡은 책을 소중히 보관하고 있습니다. 한 쪽 한 쪽마다 아이들의 사랑스런 눈길이 담겨 있기 때문입니다.

그렇다면 이 25권에는 무슨 특별한 매력이 있기에 200번이나 읽어주었던 걸까요? 저 또한 새삼 그 이유가 궁금해 25권을 한자리에 쭉 늘어놓고 생각해봤습니다. 그랬더니 어렵지 않게 다섯 가지 공통점을 찾을 수 있었습니다.

첫째, 읽어주면 읽어줄수록 글맛이 살아나는 그림책.

둘째, 그림만 보고도 아이들이 하고 싶은 이야기가 넘쳐나는 그림책.

셋째, 아이들에게 무언가 가르치려고 하지 않는 그림책.

넷째, 어른 아이 누구에게나 재미있는 그림책.

다섯째, 등장하는 인물들이 진짜 아이들의 모습 그대로인 그림책.

25권에는 이 다섯 가지 요소가 골고루 갖추어졌기에 오랫동안 아이들의 사랑을 받으며 끊임없이 읽혀졌다고 저는 믿습니다. 아이들의 사랑을 얼마나 많이 받았는지 두 권만 예를 들어볼까요? 『주먹이』는 제가 첫 수업 때 아이들에게 잘 읽어주는 그림책입니다. 첫 만남의 어색함을 없애기 위해서는 아주 재미있는 이야기가 필요한데, 『주먹이』는 그 역할을 아주 잘 해주었습니다. 다 읽어주고 나서 아이들에게 또 읽어달라는 말을 얼마나 많이 들었는지 모릅니다. 그러면 저는 책은 덮어두고 그냥 말로만 이야기를 들려줍니다. 아이들은 방금 보았던 그림책 장면들이 머릿속에 남았는지 그렇게만 해도 다시 그림책을 본 것처럼 정말 즐거워합니다. 『거미 아난시』는 한 유치원에서 3주에 걸쳐 연속 세 번을 읽어준 적도 있습니다. 분명 지난주에 읽어주었는데, 아이들은 "거미 그림책 또 읽어주세요."를 외쳤고, 그 다음 주에도 또 "거미 그림책 읽어주세요."를 외쳤습니다. 아마 제가 말리지 않았다면 학기 내내 계속 읽어주어야 했을지도 모릅니다.

이 책은 그림책의 내용을 소개하기보다는 아이들이 어느 장면을 좋아하고, 무슨 이야기를 하고 싶어 했는지, 아이들과 함께 그림책을 볼 때의 상황 그대로 전하고자 했습니다. 전체 구성은 크게 5장으로 나누었습니다. 1장부터 3장까지는 나, 가족, 친구에 관한 이야기가 담긴 그림책들을, 4장에서는 맘껏 상상하는 아이들의 모습, 5장에서는 어른보다 나은 아이들의 모습을 확인할 수 있는 그림책들을 모아보았습니다. 각 장마다 '더 읽어주면 좋은 그림책'과 '그림책 재미있게 읽어주는 팁'도 덧붙였습니다.

사람은 누구나 자신의 이야기를 하고 싶어 합니다. 아이들도 마찬가지입니다. 하지만 대개 아이는 듣기 싫어도 어른의 이야기를 들어야할 때가 많습니다. 행여 이야기를 할 기회가 생겨도 진지하게 끝까지 들어주는 어른을 만나기는 어렵습니다. 어른들의 이런 특성을 알기에 아이들은 가정, 학교 어디서든 웬만해선 어른들에게는 자신의 이야기를 안 합니다. 그렇다면 그냥 이렇게 어른은 어른대로 아이는 아이대로 살아도 괜찮은 걸까요? 저는 어른과 아이가 함께 손을 잡지 않고는 결코 이 세상이 나아질 수 없다고 생각합니다. 그리고 '그림책 읽어주기'야 말로 어른과 아이가 함께 손을 잡을 수 있는 매우 훌륭하고도 쉬운 방법이라고 믿습니다. 여러분도 저처럼 아이들에게 그림책을 읽어주면 좋겠습니다. 분명 읽어주는 어른 내면의 '아이'가 기지개를 켜고 튀어나와 아이들과 손을 잡고 신나게 뛰어노는 놀라운 경험을 할 겁니다.

　제가 이 책을 낼 수 있었던 건 그날그날 수업의 기억을 일기처럼 SNS에 남기었기에 가능한 일이었습니다. 이렇게 많은 아이와의 멋진 추억을 만들어준 그림책 25권이 앞으로도 영원히 아이들에게 읽히기를 바랄 뿐입니다. 마지막으로 저에게 먼저 손을 내밀어 친구가 되어준 아이들에게 다시 한 번 감사의 마음을 전합니다.

2024년 1월
이태용

차례

들어가며

왜 그림책을 읽어주어야 할까? … 004

I. 자기를 찾아가는 아이들

꼬마들의 힘 『꼬마 다람쥐 얼』 … 018

미남이 되고 싶다 『보글보글 마법의 수프』 … 028

행복의 열쇠 『행복한 돼지』 … 036

우는 아이 『작은 개』 … 043

내 이름을 잊지 마세요 『주먹이』 … 051

더 읽어주면 좋은 그림책 1 … 058

II. 가족과 함께 커가는 아이들

멋진 아빠 『막대기 아빠』 ··· 062

엄마와 함께 『엄마 잃은 아기 참새』 ··· 069

보고 싶은 사람 『똥떡』 ··· 077

해피엔딩 『제랄다와 거인』 ··· 085

강해지지 않아도 『까만 네리노』 ··· 093

더 읽어주면 좋은 그림책 2 ··· 100
그림책을 재미있게 읽어주는 팁 ① ··· 102

III. 친구와 뛰어노는 아이들

아이들끼리 『헨리에타의 첫 겨울』 ··· 108

어부바 『은지와 푹신이』 ··· 116

우리 친구하자 『푸른 개』 ··· 123

손을 꼭 잡고 『폴린』 ··· 130

너만 알고 있어 『꽃이 피는 아이』 ··· 137

더 읽어주면 좋은 그림책 3 ··· 146
그림책을 재미있게 읽어주는 팁 ② ··· 148

IV. 맘껏 상상하는 아이들

선생님도 할 수 있어요 『라치와 사자』 … 154

마법 깔개 『마법 침대』 … 161

무서운 이야기 『여우 누이』 … 169

나만의 개구리알 『개미나라에 간 루카스』 … 178

이상한 두 어른 『마법의 저녁 식사』 … 187

더 읽어주면 좋은 그림책 4 … 194

그림책을 재미있게 읽어주는 팁 ③ … 196

V. 어른보다 나은 아이들

만남에는 뜻이 있다 『널 만나서 정말 다행이야』 ⋯ 202

아이에게 배운다 『빨강 파랑 강아지공』 ⋯ 210

선을 지우는 아이들 『거미 아난시』 ⋯ 217

가는 말 오는 말 『꿈틀이를 찾아줘』 ⋯ 226

그린핑거 호텔 『선인장 호텔』 ⋯ 234

더 읽어주면 좋은 그림책 5 ⋯ 242

그림책을 재미있게 읽어주는 팁 ④ ⋯ 244

I.
자기를 찾아가는 아이들

꼬마들의 힘 『꼬마 다람쥐 얼』
....
미남이 되고 싶다 『보글보글 마법의 수프』
....
행복의 열쇠 『행복한 돼지』
....
우는 아이 『작은 개』
....
내 이름을 잊지 마세요 『주먹이』
....

🍎 더 읽어주면 좋은 그림책 1

꼬마들의 힘

제가 원예 수업을 하는 주 대상은 유치원과 초등학생 아이들입니다. 막 아기 티를 벗고 유치원에 들어온 다섯 살 아이부터 청소년 티가 제법 나는 열세 살 아이까지 다양합니다. 이 가운데 수업하기 가장 어려운 아이는 누구일까요? 사람에 따라 다 다르겠지만 저는 여섯, 일곱 살 아이들을 꼽습니다. 그리고 수업하기 가장 좋은 아이도 역시 여섯, 일곱 살 아이들을 꼽습니다.

어느 유치원에서 여섯, 일곱 살 아이들 여섯 명과 매주 한 번씩 모두 열세 번의 수업을 했습니다. 거의 한 학기 수업이었습니다. 첫 시간에 아이들은 약간 긴장한 채 저를 만났습니다. 처음 보는 사람인데다 남자인지라 탐색을 하는 듯했습니다. 하지만 첫 시간이 지나고 나자 아이들은 제 정체를 알아버렸습니다. 이 어른 남자는 전혀 무섭지도 않고 자기들 마음대로 해도 된다는 것을요. 두 번째 시간까지는 아이들이 제가 하자는 대로 잘 따라 했습니다. 그러다가 세 번째 시간,

나 얘들아, 잘 있었어? 오늘은 선생님이 『꼬마 다람쥐 얼』이란 그림책 가져왔다.

현수 (일곱 살, 제 말을 무시하고) 얘들아, 우리 숨바꼭질하자.

나 현수야, 지금은 선생님이랑 같이 수업하는 시간이잖아.

현수 숨바꼭질하고 하면 안 돼요? 그림책 보기 싫단 말이에요.

선아 (일곱 살) 선생님, 저도 숨바꼭질하고 싶어요.

나 그래? 그럼 딱 한 번만 하고 그림책 보는 거다.

일곱 살 아이들의 눈치를 보던 여섯 살 아이들도 기다렸다는 듯이 신이 나서 함께 숨바꼭질을 했습니다. 덩치가 커서 숨을 곳이 없는 제가 술래를 하고 아이들이 숨었습니다. 부스럭거리는 소리, 소곤대는 소리, 키득키득 웃는 소리가 여기저기에서 들려왔습니다.

나 (천천히 스물을 센 다음) 됐니?!

아이들 (큰소리로) 됐다!

숨고 나서 말을 하면 자신의 위치를 알려주는 꼴인데 아이들은 씩씩하게 말했습니다. 물론 저도 어차피 아이들이 어디 숨었는지 다 알기 때문에 상관없었습니다. 우선 아이들이 잘 숨는 화장실로 가서 문을 활짝 열었습니다.

나 선아 찾았다!

선아 왓? 선아 왓?

나 너 선아 아니니? 선아랑 똑같이 생겼는데.

선아 왓? 나는 한쿡말 몰라요. 미쿡 사람이에요.

나 그래? 이상하네. 정말 선아랑 똑같이 생겼는데. 그럼 혹시 여기 있다가 선아라는 일곱 살 여자아이 오면 알려줘.

선아 예스.

난 근데, 이상하네. 분명 선아랑 똑같이 생겼는데.

선아 왓? 노노노.

결국 이날 저는 아이들을 한 명도 못 찾았습니다. 제가 한 명 한 명 숨은 곳에 가서 "찾았다!"라고 말하면 아이들 모두 선아를 흉내 내어 "저 아닌데요."라고 말했기 때문입니다. 분명히 모두 찾았는데도 한 명도 못 찾은 신기한 숨바꼭질이었습니다.

  그날 이후로 마지막 열세 번째 수업을 할 때까지 저는 아이들과 매번 숨바꼭질을 했습니다. 아이들도 즐거워했지만 어쩌면 제가 더 즐거웠는지도 모릅니다. 때로는 서너 번 이어서 숨바꼭질하다가 시간이 부족해 그림책을 못 읽어줄 때도 있었습니다. 하지만 이렇게 놀다 보면 "선생님, 이제 그림책 봐요."라든가 "오늘은 무슨 식물 심어요?"라고 늘 아이들이 먼저 말해주었습니다. 그날 저와 해야 할 수업 내용을 잊지 않고 있었던 겁니다. 수업은 강사가 아닌 아이들의 힘으로 이끌어간다는 걸 새삼 깨달은 소중한 시간들이었습니다.

꼬마 다람쥐 얼
지은이 : 돈 프리먼
옮긴이 : 햇살과나무꾼
출판사 : 논장

  다람쥐가 주인공인 『꼬마 다람쥐 얼』은 가을만 되면 아이들에게 꼭 읽어주는 그림책 가운데 하나입니다. 다람쥐와 도토리 그리고 다람쥐가 목에 두르고 있는 빨간 목도리가 찬바람이 불기 시작하는 계절에 너무나 잘 어울립니다.

　어느 가을날, 꼬마 다람쥐 얼은 엄마에게 청천벽력 같은 이야기를 듣습니다. 앞으로는 혼자 도토리를 구하라는 겁니다. 매일 엄마가 구해다 주는 도토리만 먹던 얼은 과연 어떻게 혼자서 도토리를 구할까요? 유치원 아이들과 이야기를 나눕니다.

나　　　얼도 너희처럼 여섯 살쯤 되는 거 같은데 혼자서 도토리를 구할 수 있을까?

아이1　나무에 가면 돼요.

나　　　아, 도토리가 나무에 붙어 있구나. 무슨 나무에 있으려나?

아이2　도토리나무요.

나　　　도토리가 달려 있어서 도토리나무라면, 사과가 달려 있으면 무슨 나무지?

아이들　사과나무요!

나　　　그럼 복숭아가 달려 있으면?

아이들　복숭아나무요!

나　　　그럼 핫도그가 달려 있으면?

아이들　하하하! 핫도그나무요!

나　　　그럼 응가가 달려 있으면?

아이들　하하하! 응가나무요!

| 나 | 너희 엄청 똑똑하다. 그런데 너희가 얼이라면, 혼자서 도토리를 구해 올 수 있겠니? |
| 아이들 | 네! 당연하죠. |

하지만 유치원 아이들과 달리 얼은 도토리가 어디 있는지 모릅니다. 그래서 사람 친구 집에 가서 도움을 청합니다. 그러자 사람 친구 '질'은 친절하게도 자기가 갖고 있던 도토리뿐만 아니라 호두까기, 목도리까지 얼에게 줍니다. 얼은 금세 도토리를 구했으니 엄마에게 칭찬을 받겠다 싶어서 재빨리 집에 갔지만, 오히려 엄마는 화가 나서 이렇게 말합니다.

"얼, 당장 들어와. 얘기 좀 하자!" (본문 8쪽, 15쪽)

언제인가 한 유치원에서 저는 이 문장을 매우 실감 나게 읽어 준 적이 있습니다. 마치 제가 진짜 얼의 엄마라도 된 듯이 한껏 감정을 실어서요. 그러자 맨 앞에 앉아 있던 여자아이가 말했습니다.

"선생님, 얼 엄마는 진짜 엄마가 아닌 것 같아요."

그날따라 제가 유난히 과다하게 감정 이입을 했나 본데, 아마 그 아이는 엄마에게 그렇게 화난 말투를 들어본 적이 없었나 봅니다.

나	윤서는 좋겠다. 엄마가 화내지 않으셔서.
윤서	아니에요. 엄마도 화낼 때 있어요. 제가 동생이랑 싸우면 엄청 화내요.
나	그래? 동생은 몇 살인데?
윤서	다섯 살이요. 근데 맨날 말을 안 들어요.
나	윤서가 힘들겠다. 동생은 남자야, 여자야?
윤서	남자요. 저는 남동생 말고 여동생이 있으면 좋겠어요.
나	여동생이어도 윤서 말 안 들을 수 있어. 근데 얼은 왜 엄마한테 혼났을까? 동생이랑 싸운 것도 아닌데.
윤서	도토리를 자기 혼자 구하지 않고 친구한테 받아서요.
나	친구한테 받으면 안 되는 거야?
윤서	엄마가 혼자서 구하라고 했잖아요.
나	맞아, 그랬지.

결국 얼은 한밤중에 엄마 몰래 도토리를 구하러 바깥으로 나옵니다. 그리고 우여곡절 끝에 도토리를 구하려면 참나무를 찾아야 한다는 사실을 알아냅니다. 얼은 참나무에 올라가 도토리 두 알을 따서 집으로 돌아옵니다. 하나는 엄마, 하나는 사람 친구

질의 몫입니다.

저는 『꼬마 다람쥐 얼』을 읽어줄 때면 늘 얼의 모습과 제 앞에 앉아 있는 아이들 모습이 겹쳐 보입니다. 엄마에게 혼날 줄 몰랐다가 혼나는 모습이나 하나에 정신이 팔리면 주위의 위험을 못 보는 모습, 스스로 무언가 해내고는 뿌듯해하는 모습이나 자기 것을 친구에게 나눠주며 으쓱해하는 모습 등, 얼의 모습이 바로 아이들의 모습이기 때문입니다. 그래서 저는 『꼬마 다람쥐 얼』을 읽어줄 때마다 두 번 놀랍니다. 아이들의 모습을 너무나 잘 파악한 작가의 솜씨에 놀라고, 여러 명의 꼬마 다람쥐 얼이 저를 쳐다보고 있는 것에 또 한번 놀랍니다.

가을이 끝나가는 11월에 들어서면 아이들과 튤립 알뿌리를 심습니다. 그런데 여섯 살 유리는 튤립 알뿌리를 심는 날 하필 감기에 걸려서 유치원에 못 왔습니다. 어쩔 수 없이 저는 알뿌리 두 알을 화분에 심어서 담임 선생님께 드리며 유리에게 전해달라고 부탁했습니다. 그런데 그 다음 주 수업 시간에 만난 유리는 저를 보자마자 따지듯이 물었습니다.

유리   선생님! 왜 제 화분에 흙만 넣어주셨어요? 식물은 왜 안 줬어요?

나   응? 아! 그게 그냥 흙만 들어 있는 게 아니라 흙 속에 튤립

알뿌리가 두 알 들어 있어. 선생님이 이름표 꽂아 놓았는데 못 봤구나?

유리　알뿌리요?

그때 옆에서 이 대화를 듣고 있던 다섯 살 승호가 저를 빤히 보며 말했습니다.

승호　선생님, 그거 양파처럼 생겼고요. 우리가 한 살 더 먹으면 싹이 나온다고 했지요?

나　와! 승호는 정말 잘 기억하고 있네. 승호 말이 맞아.

승호　빨간 색깔 튤립이 핀다고 했지요?

나　그것도 기억하고 있니? 유리야, 승호 말처럼 유리가 한 살 더 먹어서 일곱 살이 되면 그때 저 화분에서 싹이 나오고 빨간 튤립 꽃도 필거야.

유리　정말요?

지난 수업 때 저는 튤립 알뿌리 하나를 반으로 잘라 양파처럼 생긴 속을 보여주었습니다. 그리고 지금부터 봄이 될 때까지는 흙 속에서 겨울잠을 자고, 우리가 한 살 더 먹고 따뜻한 봄이 되면 흙 위로 싹을 내고 빨간 꽃을 피울 거라고 알려주었습니다. 승호는 그때 제가 했던 말을 하나도 빠트리지 않고 다 기억하고 있었던 겁니다. 물론 이런 경험은 승호가 처음은 아닙니다. 그 전에도 많은 아이가 제가 했던 말을 기억했다가 그대로 다시 말한 적이 한두 번이 아니었습니다. 그래서 저는 자신 있게 말할 수 있습니다. 아이들은 어른들이 생각하는 것보다 몇십 배, 아니 몇백 배는 똑똑합니다. 그리고 어른들의 걱정과 달리 자신의 앞길을 씩씩하게 헤쳐 나갈 힘을 갖고 있습니다. 숨바꼭질을 하던 현수와 선아가, 혼자서 도토리를 구하던 다람쥐 얼이, 그리고 튤립 알뿌리 화분을 키우는 승호와 유리가 그렇습니다.

미남이 되고 싶다

저는 책상보다 바닥에서 수업하는 걸 좋아합니다. 늘 흙을 사용하다 보니, 바닥에 깔개를 깔아놓고 수업하는 편이 뒷정리할 때 편하기 때문입니다. 깔개 위에 아이들과 함께 앉으면 저와 아이들 사이의 거리는 매우 가깝습니다. 자연스레 저에게 매달리거나 제 무릎 위에 앉으려는 아이들이 생깁니다. 하지만 수업 중에 제가 조심하는 것 가운데 하나가 바로 아이들과의 신체 접촉입니다. 제가 남자이다 보니 더욱 신경을 쓸 수밖에 없습니다. 그래서 수업 내용에 따라 어쩔 수 없는 접촉이 아닌 이상은 아이들 기분이 상하지 않도록 살며시 떼어 놓습니다.

한 유치원에서 네 번째 수업을 할 때 일입니다. 이날도 저는 깔개 위에 앉아서 한 손으로 그림책을 든 채 읽어주고 있는데, 여섯 살 남자아이 한 명이 제 옆으로 바싹 다가오더니 그림책을 들지 않은 제 나머지 한 손을 계속 만지작거렸습니다. 손가락을 만지기도 하고 손등에 난 털을 잡아당기기도 하면서 제 손에서 자기 손을 떼지 않았습니다. 그리고 잠시 후 이렇게 말했습니다.

"꼭 아빠 손 같아요."

이날 저는 차마 아이의 손을 떼어 놓지 못했습니다. 나이를 먹으면서 쭈글쭈글하고 탄력 없어진 손을 아빠 손 같다며 만지는 아이에게 오히려 고마운 마음이 들었습니다. 사실 이 아이뿐만 아니라 저와 만나는 아이들은 늘 제 외모에 관심이 많습니다.

"선생님은 왜 매일 모자를 써요?"
(머리숱이 없어서 가리려고 썼단다.)
"선생님은 왜 머리카락이 하얘요?"
(나이를 먹으면 흰머리가 생긴단다.)
"선생님은 왜 그렇게 수염이 많아요?"
(매일 면도를 안 해서 그렇단다.)

제 얼굴만 보는 게 아닙니다.

"선생님은 왜 배가 통통해요?"
(많이 먹고 운동은 안 해서 배가 나온 거란다.)
"선생님은 왜 팔에도 털이 많이 났어요?"
(너희도 잘 보면 팔에 털이 있단다.)
"선생님은 왜 키가 커요?"
(보통 남자 어른들보다 약간 큰 것뿐이란다.)

심지어 어쩌다가 일주일 후에 같은 옷을 입고 가면 금세 알아차리기도 합니다.

"선생님은 왜 맨날 악어가 그려진 옷만 입어요?"
(일주일 만에 우연히 다시 입은 거란다.)

저는 그저 평범한 중년 아저씨일 뿐인데, 그런 저를 아이들이 관심을 갖고 봐주는 게 때로는 부담도 되지만 결코 싫지는 않습니다. 그리고 아이들 앞에서 지금보다 좀 더 단정하고 멋있는 모습을 보여줘야겠다는 생각도 자연스레 듭니다.

초등학교 아이들과 수업할 때면 가끔 외모 이야기를 나눕니다.

저는 주로 자신의 외모 가운데 마음에 드는 곳을 물어보는데, 아이들도 어른처럼 자신의 외모에 만족하는 경우가 거의 없습니다. 그래서 마음에 드는 곳보다 마음에 들지 않는 곳을 많이 말합니다.

"저는 코가 너무 동그래요."
"저는 너무 뚱뚱해서 다이어트 할 거예요."
"저는 제 머리카락이 별로 마음에 안 들어요."

성형외과가 많은 지역의 지하철역에 가면 수많은 미용 성형수술 광고가 붙어 있습니다. 커다란 광고판에는 성형수술을 마치고 새로운 얼굴이 된 여자가 활짝 웃고 있습니다. 성형 전후의 모습을 친절하게 비교해서 보여주기도 합니다. 미용을 위한 성형수술은 당연히 순기능도 있지만, 아이들이 이런 광고를 보며 자연스레 '미'의 기준을 세우고, 자신도 그렇게 되기를 바랄까 봐 걱정되는 것도 사실입니다.

보글보글 마법의 수프
지은이: 클로드 부종
옮긴이: 이경혜
출판사: 웅진주니어
(절판되었습니다. 도서관에서 볼 수 있습니다.)

그림책 『보글보글 마법의 수프』는 미녀가 되고 싶은 마녀의 이야기입니다. 어느 날 잡지 속 미녀의 사진을 본 마녀는 자기 얼굴이 참 보기 싫어졌습니다. 그래서 예뻐지는 마법의 수프를 만들기로 합니다. 하지만 아무리 요리책을 뒤져봐도 '미녀가 되는 수프 레시피'는 없었습니다. 결국 마녀는 직접 수프를 만들어 보기로 합니다.

마녀는 별 부스러기와 똥 그리고 벌레처럼 이상야릇한 재료들을 잔뜩 넣어 드디어 미녀가 되는 마법의 수프를 만듭니다. 그런데 이 수프는 기존 레시피가 없는 마녀의 창작품입니다. 따라서 이걸 먹고 미녀가 된다는 보장이 없습니다. 입을 크게 벌리고 수프를 한입 먹으려는 마녀를 보고 아이들은 긴장합니다.

나　　수프를 먹으면 정말 예뻐질까?
현희　아니요. 먹으면 죽을 것 같아요.
민수　더 이상하게 변할 것 같아요.
나　　어떻게 되는지 선생님이 먼저 다음 장면을 볼게.

저 혼자 살짝 다음 장면을 넘겨보고 책을 덮으면 아이들은 궁금해서 어쩔 줄 모릅니다.

"어떻게 되었어요? 빨리 넘겨봐요."

책을 읽어주며 아이들과 밀당을 하는 순간입니다. 책 읽어주기의 묘미이지요. 저는 한참 뜸을 들이다가 다음 장면을 활짝 펼칩니다. 마녀는 수프를 먹지 않았습니다. 그 대신 함께 사는 동물들에게 먹이고 금고에 가둔 다음, 다음 날 아침에 어떻게 되는지 보기로 합니다. 다음 날 아침, 금고 문을 연 마녀는 깜짝 놀랍니다. 수프를 먹은 동물들이 모두 마녀와 꼭 닮은 꼬마 마녀가 되었기 때문입니다. 결국 마녀는 미녀가 되기는커녕, 자기를 닮은 아이 일곱 명만 얻고 말았습니다. 그런데 이 책의 마지막 장면이 매우 재미있습니다. 일곱 명의 꼬마 마녀가 빨리 먹을 걸 내놓으라며 귀찮게 하는데, 백번 짜증을 내도 부족할 마녀는 웃고 있습니다. 심지어 행복해 보이는 표정을 짓고 있습니다.

"마녀는 미녀도 못 되고 말 안 듣는 아이들만 생겨서 귀찮을 텐데, 왜 웃을까? 선생님이 마녀라면 막 화나고 싫을 거 같은데, 혹시 미쳐버린 거 아닐까?"

이런 제 질문에 아이들 열에 아홉은 신기하게도 똑같은 대답을 합니다.

"귀여운 아이들이 같이 있어서 좋아서 그런 거예요."

"아이들한테 먹을 걸 해줘서요."

"가족이 생겨서 기쁜가 봐요."

"엄마가 돼서 그런 거예요."

우문현답입니다. 어른들이 만들어낸 왜곡된 '아름다움'에 아이들이 현혹되면 어쩌나 걱정이 되다가도, 아이들의 이런 대답을 듣고 있노라면 괜한 걱정이었다는 생각이 듭니다. 그리고 보면 마녀는 정말 미녀가 되는 마법의 수프를 만든 걸지도 모릅니다.

깔개 위에 앉아서 수업을 하면 아이들 양말에 흙이 묻기 쉽습니다. 신이 나서 열심히 하면 할수록 더 그렇습니다. 그래서 저는 웬만하면 수업을 시작하기 전에 양말을 벗도록 합니다. 아이들이 벗어놓은 양말은 제가 짝을 맞춰 동그랗게 말아서 한쪽에 모아둡니다. 어느 날도 유치원에서 수업을 마치고 나니 아이들 발바닥에 흙이 잔뜩 묻어 있었습니다. 저는 흙을 잘 털고 양말을 신으라고 했지만, 아이들은 흙을 털기는커녕 오히려 발에 흙을 더 묻히며 재미있어했습니다.

나   얘들아, 흙을 잘 안 털고 양말 신으면 양말도 더러워지고 걸을 때 발바닥도 아파.

민지	다 털었어요.
나	그게 다 턴 거야? 아직도 발바닥에 흙이 잔뜩 묻어 있잖아.
민지	(일부러 흙을 더 묻히며) 그럼 선생님이 털어주세요. 못하겠어요.
나	이리 와 봐.

저는 민지를 의자에 앉히고는 발바닥을 탁탁 때리기도 하고 간지럽히기도 하면서 흙을 털어주었습니다. 그러자 민지는 재미있어서 어쩔 줄 몰라 했고, 이걸 본 다른 아이들도 발바닥에 더 흙을 묻히고 털어달라며 줄을 섰습니다. 뭐, 아이들 발바닥에 묻은 흙을 털어주는 게 힘든 일은 아닙니다. 그래, 얼마든지 오너라. 열심히 털어주마. 문득 이렇게 아이들 발에 묻은 흙을 털어주고 있는 제 모습도 일곱 명의 꼬마 마녀를 얻고 나서 웃고 있는 마녀와 비슷하지 않을까 상상해 보았습니다. 저도 아이들에게 미남으로 보이고 싶습니다.

행복의 열쇠

장면 1 - 유치원 교실

오후 1시 30분. 일곱 살 아이 네 명과 수업을 시작하려 했습니다. 그런데 갑자기 여자아이 은지가 잠깐만 기다리라며 자기 교실로 뛰어가더니 무언가 들고 왔습니다.

나 이건 뭐야?
은지 소원을 들어주는 통이에요.
나 그래? 선생님도 하나 뽑아도 돼?
은지 뽑으세요.

나	(통에서 쪽지 한 장을 집어서 펴 보며) '노래 불러주기'라고 적혀 있어. 누가 누구에게 불러주는 거야?
은지	선생님이 저한테 불러주는 거예요.
나	어떡하지? 선생님은 노래 잘 못 부르는데.
은지	그럼 제가 불러드릴게요.
나	고마워.

은지는 저에게 열심히 노래를 불러주었습니다.

장면 2 - 유치원 교실

오후 1시 30분. 다섯 살 아이 두 명, 여섯 살 아이 세 명과 수업을 시작하려 했습니다. 그런데 여섯 살 효은이가 자기 가방에서 무언가를 꺼내어 저에게 내밀었습니다.

나	와, 종이에 스티커가 엄청 많이 붙어 있네. 이게 뭐야?
효은	태권도장에서 받은 거예요.
나	멋지다. 선생님은 태권도장 일주일 다니고 그만뒀는데.
효은	왜요?
나	어떤 누나랑 대련하다가 발로 얼굴을 맞았거든. 그래서 선

생님 엄마한테 다니기 싫다고 했어.

효은　저는 엄청 잘해요. 보실래요?

효은이는 큰소리로 기합도 넣어가며 발차기를 보여주었습니다.

장면 3 – 초등학교 교실

오후 1시 30분. 식물과 화분, 흙을 나란히 늘어놓고 읽어줄 그림책을 다시 한번 보고 있었습니다. 그런데 2학년 지영이가 숨을 헐떡이며 뛰어와서 말했습니다.

지영　선생님! 나쁜 소식이다가 좋은 소식이 있어요.
나　뭔데? 궁금하다.
지영　지난주에 심은 오렌지스타가 죽다가 살아났어요. 엄마가 물을 줬거든요.
나　와, 다행이다! 정말 나쁜 소식이다가 좋은 소식이네.

저를 바라보는 지영이의 얼굴은 아주 밝고 환했습니다.

행복한 돼지
지은이: 헬린 옥슨버리
옮긴이: 김서정
출판사: 웅진주니어

　그림책 『행복한 돼지』는 돼지 부부의 이야기입니다. 들판에 사는 부부는 바쁠 일도 없고 부족한 것도 없고 걱정거리도 없습니다. 하지만 언덕 저편에 있는 멋진 차에 수영장이 딸린 으리으리한 집을 보면서 돈 많은 부자가 되고 싶어 합니다. 그러던 어느 날, 돼지 부부는 진흙탕 속에서 보물이 가득 든 상자를 발견합니다. 저는 이 장면에서 늘 아이들에게 묻습니다.

　"너희도 돼지 부부처럼 돈이 많이 생기면 뭐 할 거야?"

　아이들은 제 말이 끝나기 무섭게 장난감이나 게임기, 휴대폰 이름을 쏟아냅니다. 물론 제가 아이였더라도 마찬가지였을 겁니다. 하지만 여러 해 전, 한 초등학교 3, 4학년 남자아이들에게 들은 대답은 너무나 특별해서 지금도 잊히지 않습니다.

나　너희도 돼지 부부처럼 돈이 많이 생기면 뭐 할 거야?
민호　저는 총을 사서 학교에 있는 사람들 다 쏴 죽일 거예요.

태영 저도요.

재훈 저도 그럴 거예요.

나 그건 너무하잖아. 왜 사람들을 죽여?

승권 그냥 다 싫어요. 저는 폭탄을 사서 학교 폭파시킬 거예요.

현수 저도요.

사실 이 아이들 가운데에는 선생님 말을 안 듣고 수업 분위기를 해쳐서 문제아 취급을 받는 아이도 있었고, 우울한 정서가 너무 커서 무기력한 상태인 아이도 있었습니다. 당연히 학교나 집에서 혼나는 일이 많았을 테니 자존감도 떨어지고 세상에 부정적인 시각을 갖고 있었겠지요. 그런 사정을 알고 있었기에 '그래도 그런 생각을 하면 안 돼.'라는 도덕교과서 같은 말을 차마 입 밖으로 내지 못했습니다. 그보다는 이 아이들이 얼마나 억울하고 답답한 감정 속에 억눌려 지내고 있는지 느껴져 마음이 아팠습니다. 지금은 고등학생쯤 되었을 텐데 어떻게 지내고 있을까요? 궁금하기도 하면서 혹시 여전히 세상과 부딪치며 힘들게 살고 있지는 않을지 걱정이 됩니다.

돼지 부부는 보물을 돈으로 바꿔 옷, 자동차, 집을 차례로 삽니다. 자신들이 갖고 싶었던 걸 모두 얻은 겁니다. 그렇다면 보물은 돼지 부부를 행복으로 이끌까요, 불행으로 이끌까요? 돼지 부부는 새로운 환경에서 행복한 앞날을 꿈꾸었지만, 갑자기 문명화된 삶은 그리 마음 편하지 않았습니다. 예전에는 발가벗은 채로 들판에서 뛰어놀고 진흙탕에서 뒹굴며 유유자적했건만, 이제는 자동차나 가전제품을 비롯해 새로 산 물건들을 쓰고 관리하느라 바쁘고 정신없어졌습니다. 결국 돼지 부부는 스트레스가 극에 달해 물건을 있는 대로 부수고 물에 처넣습니다. 거추장스러운 옷까지 모두 벗어던지고 알몸이 되어 원래 자신이 살던 들판 언덕으로 뛰어가며 이야기는 끝을 맺습니다.

장면 4 – 어느 집 거실

오후 5시. 다섯 살 여자아이 지혜와 수업을 시작했습니다. 두 번째 수업이었습니다. 첫 번째 수업 때 지혜는 저를 경계하며 잘 다가오지 않았는데, 엄마 말로는 그 후 일주일 동안 제가 오기를 기다렸다고 합니다. 첫날에 비해 훨씬 이야기도 많이 나누었고, 지혜도 저를 편하게 대했습니다. 수업을 마치고 짐을 챙길 때의 일입니다.

지혜 (유치원 가방에서 스마일 스티커를 꺼내더니) 선생님, 이거 코에 붙이고 가요.

나		계속 붙이고 가야 돼?
지혜		네.
나		사람들이 선생님을 쳐다보면 부끄러운데.
지혜		그래도 붙여요!
나		근데 붙이고 있어도 마스크를 쓰고 있어서 안 보일 거야.
지혜		그래도 붙여요!

과하게 친절한 지혜는 제 코에 스마일 스티커를 꾹 눌러 붙여 줬습니다. 지혜 집에서 나온 저는 지하철역까지 10분가량을 걸어갔는데, 그사이 코에 스티커 붙인 사실을 깜박 잊고 말았습니다. 지하철역에서 퍼뜩 생각이 나 코를 만져보니 스티커는 이미 사라지고 없었습니다. 스마일 스티커는 어디로 갔을까요? 왠지 다른 사람의 코에 붙어서 환하게 웃고 있을 것만 같았습니다.

돼지 부부가 발견한 보물 상자가 어느 날 저에게 온다면 굳이 마다할 생각은 없습니다. 하지만 보물 상자가 행복까지 같이 데려오지 않는다는 걸 우리는 너무 잘 알고 있습니다. 오히려 여기저기에서 만나 함께 웃었던 아이들의 모습을 떠올려보면 그 아이들이나 저나 행복의 열쇠는 이미 갖고 있다는 생각이 듭니다.

우는 아이

초등학교 고학년 아이들과 열 번의 수업이 잡혔습니다. 모두 열다섯 명 가운데 남자아이는 세 명뿐이었습니다. 아이들은 과학실의 책상 네 개에 나눠 앉았는데, 남자아이들 세 명은 자연스레 한 책상에 모였습니다. 저는 모든 아이에게 골고루 관심을 주고 싶었지만, 제 눈은 계속 남자아이들 책상에 머물렀습니다. 남자아이들이 유난히 산만할 뿐만 아니라 틈만 나면 장난을 쳤기 때문입니다.

한번은 화분에 꽂는 이름표를 차에 두고 오는 바람에 아이들에게 양해를 구하고 재빨리 주차장에 다녀왔습니다. 그런데 교실에 들어가니 여자아이들이 남자아이들 책상 주위에 모여 있었습니다. 무슨 일이 났나 싶어 급하게 뛰어가 보니, 남자아이들이 교실 바닥에 흘린 흙을 여자아이들이 치우고 있었습니다. 분명 또래인데도 여자아이들은 남자아이들의 누나 같아 보였습니다. 어수선한 채로 수업을 마치고 뒷정리를 하는데 6학년 여자아이 연서가 집에 안 가고 제가 정리하는 걸 도와주었습니다.

나   연서야, 선생님 혼자 해도 괜찮아. 집에 가.
연서   아니에요. 제가 가면 선생님 혼자 하셔야 하잖아요.

연서의 이런 마음씀씀이는 도대체 어디에서 나온 걸까요? 뒷정리를 하는 동안 저는 연서가 저보다 40살 어린 초등학생이 아니라 친구나 동료처럼 느껴졌습니다. 상대방에게 관심을 갖고 손을 내미는 공감 능력은 나이와 아무 상관이 없다는 생각도 새삼 들었고요.

작은 개
지은이: 마치다 나오코
옮긴이: 김숙
출판사: 북뱅크
(절판되었습니다. 도서관에서 볼 수 있습니다.)

들판에 한 여자아이가 서 있습니다. 고개를 숙이고 두 손을 모은 채 슬픈 표정을 짓고 있습니다. 왜 그럴까요? 학교에 가기 싫어서? 친구들이 괴롭혀서? 아니면 그냥 기분이 안 좋아서? 이유는 잘 모르겠지만 분명 슬픈 일이 있나 봅니다. 그때 어디선가 작은 개가 나타납니다. 덩치로 보자면 아이를 지켜주기는커녕 아이가 지켜주어야 할 것만 같은 작은 개입니다.

나	작은 개 정말 귀엽다. 어, 그런데 목줄을 안 했어.
하영	우리 집 똘이는 목줄 했어요.
나	집에서 키우는 개들은 다 목줄을 하거든. 저 작은 개는 주인이 없나 봐.
민성	저런 개 키우고 싶어요. 귀여워요.
나	선생님도 키우고 싶어. 만약에 선생님이 저 개를 키우면 '재롱이'라고 부를 거야. 재롱 많이 부리라고.
민성	저는 '햄버거'라고 부를래요.
준서	저는 '초롱이'라고 할 거예요.
하영	그런데 작은 개는 몇 살이에요?
나	글쎄, 선생님도 잘 모르겠는데. 몸은 작아도 나이는 많을지도 몰라. 한 열 살쯤 되었을까?
준서	개는 열 살이면 어른이래요.

작은 개가 여자아이에게 다가가 왜 우느냐고 묻자 여자아이는 "모르겠어, 왠지 슬퍼서 눈물이 나."라고만 말합니다. 그래서 작은 개는 여자아이 곁에서 계속 달래주지만 여자아이는 끝없이 슬퍼합니다. 결국 책을 보다가 못 참는 아이가 나옵니다.

준서	선생님, 저 아이 때문에 짜증나요.
나	왜? 자꾸 울어서?
준서	네, 작은 개가 도와줘도 자꾸만 울잖아요.
나	그러게. 울고 싶은 일이 엄청 많은가 봐.
준서	그러면 왜 우는지 말하면 되잖아요. 말도 안 하고 울기만 하니까 답답해요.
나	준서는 저렇게 계속 울고 싶을 때 없었어?
준서	네, 저는 없어요.
나	그런데 선생님이 준서 또래 친구들을 만나 보니까, 가끔 저 아이처럼 말도 안 하고 자꾸 울기만 하는 아이도 있더라.
준서	왜 그래요?
나	그건 선생님도 모르지. 작은 개도 잘 모르잖아.

모든 슬픔에 이유가 있는 건 아닙니다. 말로는 설명하기 힘든 '그냥 슬픔'도 있습니다. 그림책 속 여자아이도 마찬가지입니다.

처음에는 무언가 잃어버려서, 친구가 놀려서, 배가 고파서 슬퍼하며 울지만, 나중에는 자신도 왜 슬픈지 모르는 것 같습니다. 그림책 『작은 개』의 작은 개도 그 이유를 몰라 마지막에는 그저 아이와 눈을 맞추고 아이 눈에서 흘러내리는 눈물을 살며시 핥아 줍니다. 그러자 울기만 하던 여자아이가 드디어 웃습니다.

나 　다행이다. 드디어 아이가 웃었어.
민성 　작은 개가 혀로 핥아서 간지러워서 그래요.
하영 　작은 개가 핥아주니까 기분이 좋은가 봐요.
나 　선생님도 작은 개가 옆에 있으면 기분이 좋을 것 같아.
준서 　그런데 저 아이는 나중에 또 울 것 같아요.
나 　왜?
준서 　너무 잘 울어서요.
나 　맞아, 슬픈 일이 있으면 또 울 거야. 하지만 작은 개가 또 눈물을 핥아주면 또 웃을 걸?

책을 덮고 나서 아이들과 함께 언제 울었는지 이야기를 나눠 봅니다. 아이들은 언제 가장 많이 울까요? 엄마나 아빠에게 혼났을 때도 울지만, 하고 싶은 게임을 엄마, 아빠가 못하게 할 때, 형, 누나, 동생과 싸웠을 때도 웁니다. 저 또한 울었던 이야기를 아이들에게 해줍니다.

나	선생님은 예전에 엄마, 아빠가 하늘나라 가셨을 때 제일 많이 울었어.
민수	선생님은 어른인데도 울어요?
나	당연하지. 어른도 슬프면 울어.
지민	저도 엄마 우는 거 봤어요. 전에 아빠랑 싸우고 나서 울었어요.
나	음… 그랬구나.

초등학교에서 남자아이들이 흘린 흙을 여자아이들이 치워준 날로부터 일주일이 지나갔습니다. 그날은 다섯 색깔 소국으로 꽃꽂이를 했습니다. 아이들은 가위로 소국의 줄기를 잘라 플로랄폼에 꽂으며 알록달록한 미니꽃밭을 만들었습니다. 그런데 남자아이들이 모여 있는 책상에서는 또 심상치 않은 일이 벌어졌습니다. 남자아이 영준이가 손으로 꽃을 마구 뜯어서 옆자리 아이의 머리 위에 뿌려댔습니다.

"영준아, 친구들이랑 함께 쓰는 꽃인데 그렇게 하면 안 되지. 친구들이 싫어하잖아."

영준이는 싱글싱글 웃으며 알겠다고 대답하고는, 제가 돌아서니 또 같은 행동을 반복했습니다. 저는 엄청 짜증이 났지만 계속 영준이 옆에만 붙어 있을 수도 없어서 다른 책상을 돌며 아이들이 꽃 꽂는 걸 도와주었습니다. 그런데 갑자기 여자아이들 몇 명이 복도에서 뛰어오며 다급하게 소리쳤습니다.

"선생님! 영준이가 복도에 있는 세면대에 꽃을 잔뜩 버렸어요."

뛰어가 보니 복도의 세면대 두 곳에 영준이가 버린 소국 꽃잎과 잎사귀들이 비누거품과 함께 잔뜩 쌓여 있었습니다. 세면대가 막히면 큰일이라 급히 치우고 있는데, 6학년 여자아이 한 명이 제 옆으로 오더니 이렇게 말했습니다.

"선생님! 그럴 때는 걔한테 빽 하고 큰소리 한번 질러줘야 돼요."

아닌 게 아니라 수업할 때 영준이가 하는 행동으로 보면 이제껏 어른과 친구들에게 꽤나 큰소리를 들었을 겁니다. 하지만 큰소리를 들어서 나아질 거였다면 영준이는 지금 그런 행동을 하지 않았겠지요. 저는 오히려 영준이야말로 그림책 『작은 개』의 여자아이가 아닐까 생각했습니다. 바닥에 마구 흙을 흘리고 꽃을 잡아 뜯어 친구들 머리에 뿌리고 세면대에 꽃잎과 잎사귀를 잔뜩 버리는 행동은 작은 개 앞에서 울던 여자아이의 또 다른 모습이 아니었을까요? 그런 마음으로 영준이를 보고 있자니 제가 조금이라도 작은 개 역할을 못 해준 게 미안해졌습니다. 우여곡절 끝에 열 번의 수업은 무사히 마쳤습니다. 그리고 저는 솔직히 안도의 한숨을 쉬었습니다. 하지만 늘 그렇듯 한 번이라도 더 영준이에게 눈길을 주고 따뜻한 말을 못 해준 게 후회도 되었습니다. 왠지 영준이는 지금 이 순간에도 어디선가 울면서 작은 개를 찾고 있을 것만 같습니다.

내 이름을 잊지 마세요

가정폭력으로 인해 부모와 떨어져 지내야 하는 아이들이 머무는 공간이 있습니다. 이곳의 아이들은 여기에 잠시 머물다가 법원의 판결에 따라 다른 보호기관으로 옮겨가거나 집으로 다시 돌아갑니다. 저는 주로 방학 때마다 이곳에서 아이들과 수업을 했는데, 갈 때마다 대부분 새로운 아이들을 만났습니다. 그런데 어쩌다 4월에 찾아간 이곳에서 지난 겨울방학 때 본 초등학교 4학년 여자아이와 다시 만났습니다. 제가 문을 열고 들어가는 순간 그 아이는 현관까지 뛰어나와서 말했습니다.

"선생님, 저 아직도 여기 있어요. 오래 있지요?"

이곳에 오래 머무는 게 좋은 건 아닐 텐데, 아무튼 반가이 저를 맞아주는 아이에게 저도 환하게 웃어주었습니다. 그런데 얼굴은 분명 낯익은데 도무지 이름이 떠오르지 않았습니다. 당황한 저에게 아이는 계속 말을 걸었습니다.

"선생님, 저 기억하지요? 저는 선생님 보고 싶었어요."

저는 혹시나 아이가 자기 이름을 아는지 물어볼까 봐 계속 조마조마했는데, 결국 수업을 시작하자마자 들키고 말았습니다. 돌아가며 각자 자기 이름을 말하는데 아이가 "선생님, 제 이름은 알지요?"라고 말한 겁니다. 저는 이름을 잊었다고 재빨리 사과했습니다.

"맞다, 지연이였지? 미안해. 선생님이 지연이한테 관심이 없어서 이름을 안 외운 게 아니라 수업하는 다른 학교 친구들 이름도 잘 못 외워. 어제 들었어도 오늘은 기억이 안 나더라고. 아무래도 선생님은 머리가 나쁜가 봐. 정말 미안해."

그러면서 저는 휴대폰의 메모장을 보여주었습니다. 수업 때 만나는 아이들 이름을 기관별, 학교별로 적어놓은 것이었습니다. 실제로 저는 아이들 이름을 금방 외우지 못해 매번 첫 수업 때 휴대폰 메모장에 아이들 이름을 적어둡니다. 다만 이 기관의 아이들은 대개 방학 때 한두 번 만나고 헤어지다 보니 제가 굳이 이름을 적어두지 않았던 거지요. 하지만 지연이는 고맙게도 제 구차한 변명을 이해해 주었습니다.

"그럼 지금이라도 제 이름을 휴대폰에 적어두세요."

저는 한 글자 한 글자 확인을 받아가며 휴대폰 메모장에 지연이 이름을 적고 저장했습니다. 그리고 집에 가는 차 안에서 지연이 이름을 몇 번이고 되뇌었습니다. 앞으로 또 볼 수 있을지 어떨지 모르지만 절대로 잊어버리고 싶지 않아서였습니다.

주먹이
지은이: 김중철
출판사: 웅진주니어

그림책 『주먹이』의 주인공은 '주먹이'입니다. '주먹이'는 엄마, 아빠가 부처님에게 오랫동안 빈 덕분에 얻은 자식입니다. 고주몽이나 박혁거세처럼 알에서 태어났으며, 몸이 주먹 정도 크기라서 '주먹이'란 이름을 갖게 되었습니다.

그런데 주먹이는 나이를 먹어도 몸이 커지지 않았습니다. 그렇다고 언제까지나 부모가 품 안에 끼고 살 수는 없겠지요. 어느 날 주먹이는 아빠와 강으로 고기를 잡으러 갑니다. 주먹이는 아빠의 옷 주머니 속에 들어 있었는데, 답답하다며 자신을 꺼내달라고 합니다. 하지만 혼자 여기저기를 돌아다니다가 길을 잃고는 소에게도 잡아먹히고 매에게도 채이며 여러 번 죽을 고비를 넘긴 끝에, 다행히 다시 아빠 품으로 돌아옵니다. 마지막에 주먹이는 이제껏 자신이 겪은 일들을 아빠에게 말해주는데, 걱정 어린 표정으로 이야기를 듣는 아빠와 달리 주먹이는 엄청 신이 나 있습니다. 분명 그만큼 성장했다는 표시이겠지요. 아이들은 『주먹이』 이야기를 상당히 좋아합니다. 작고 힘없어 보이지만 씩씩하게 역경을 헤쳐 나가는 주먹이의 모습에서 동질감을 느끼기 때문이 아닐까요?

세상의 모든 생명은 태어난 것만으로 축복받아 마땅합니다. 게다가 이름을 얻고 누군가에게 불리는 순간 스스로 자신의 존재를 확인할 뿐만 아니라, 타인으로부터 존재 가치를 인정받습니다. '주먹이'는 물론 몸이 작아서 붙여진 이름이지만, 부모 입장에서는 불리한 신체 조건일지라도 꽉 쥔 주먹처럼 다부지고 씩씩하게 살아가란 뜻도 담았을 겁니다. 실제로도 주먹이는 그

후 부모의 바람대로 '주먹이'란 이름에 걸맞게 다부지게 세상을 살아나갔으리라 저는 믿습니다.

 4월에 만났던 지연이와는 그 후로 한 번 더 만났습니다. 여름방학 때 갔더니 아직도 있었습니다. 이번에는 제가 보자마자 이름을 불러주었고 수업 중간에도 자꾸 불러주었습니다. 그날의 수업은 '하바리움' 만들기였습니다. 원래 '하바리움(Herbarium)'은 말린 식물 표본을 종이에 붙이거나 알코올, 방부제에 담아 보존하는 작업을 뜻합니다. 하지만 아이들과 할 때는 말린 꽃과 잎을 투명 용기에 넣고 보존액을 부은 다음 뚜껑을 닫아 마무리합니다. 같은 꽃과 잎들이라도 아이들 각자 취향대로 색깔이나 배치를 달리하니 모두 다른 작품이 만들어집니다. 다 만든 하바리움은 깜깜한 곳에서 휴대폰 조명으로 비추어 보면 멋있습니다. 그날도 아이들은 열심히 만든 하바리움을 서로 비교해 가며 물방울이 생기도록 흔들어 보기도 하고 깜깜한 방에 들어가 휴대폰 조명에 비춰 보면서 예쁘다고 탄성을 질렀습니다. 지연이도 매우 좋아했습니다.

나 지연이가 만든 거 정말 예쁘다.
지연 네, 이거 엄마한테 선물할 거예요.
나 엄마가 정말 좋아하시겠는데?

지연   이번 주말에 엄마 만나러 가는데 그때 드릴 거예요. 근데 엄마 이름이 너무 길어서 외우질 못하겠어요. 외국 사람이거든요.

나   그래? 그럼 지금 전화해서 정확한 이름을 여쭤 봐. 엄마가 엄청 좋아하실 거야.

지연이는 곧바로 엄마에게 전화를 걸어 엄마가 불러준 이름을 종이에 받아 적었습니다. 그리고 잠시 후 이름표까지 붙인 하바리움을 저에게 보여주었습니다.

"선생님, 저 다 했어요. 엄마 이름도 적고 이 하바리움 제목도 생각해서 같이 적었어요."

엄마의 영어 이름은 정말 길었고, 하바리움 제목은 '엄마의 바다'였습니다. 그 후 시간이 흘러 겨울방학에 다시 그곳을 찾았을 때 지연이는 없었습니다. 어디로 갔는지 기관 담당자에게 딱히 물어보지는 않았습니다. 하지만 어디에 있든 주변 사람들이 지연이와 지연이 엄마의 이름을 잊지 않고 자꾸자꾸 불러주면 좋겠다고 생각했습니다. 그리고 무엇보다 지연이와 지연이 엄마가 자신의 이름을 잊지 않고 살아가길 진심으로 바랐습니다. 누구에게나 이름은 소중하니까요.

더 읽어주면 좋은 그림책 1

아이들에게는 각각 자신만의 우주가 있다고 합니다. 아이에게는 어른이 상상할 수 없는 넓고 깊은 가능성이 있다는 이야기입니다. 물론 한때 아이였던 어른에게도 우주가 있지만 그 우주는 이미 보잘것없어졌습니다. 그래서 아이가 자신만의 우주를 유영하며 자기를 찾아갈 때 도와주는 것이야말로 아이를 위한 일인 동시에 자신의 우주를 되찾고 싶은 어른을 위한 일이라고 생각합니다.

🍐 『옛날에 공룡들이 있었어』 (바리언 바튼 지음/비룡소)
여러 공룡들이 나옵니다. 똑같이 생긴 공룡은 하나도 없습니다. 각자의 존재 이유입니다.

🍐 『제가 잡아먹어도 될까요?』 (조프루아 드 페나르 지음/베틀북)
어린 늑대 루카스는 다른 늑대들처럼 사납지도 않고 욕심도 없습니다. 과연 이대로 잘 살아나갈 수 있을까요?

🍐 『난 커다란 털북숭이 곰이다』 (야노쉬 지음/시공주니어)
엄마한테 늘 혼나던 아이는 크고 힘 센 털북숭이 곰으로 변신합니다. 무엇을 하고 싶을까요?

🍐 『레오가 해냈어요』 (로버트 크라우스 글, 호세 아루에고 그림/미래엔아이세움)
레오의 엄마, 아빠는 다른 아이들보다 늦되는 레오를 참고 기다려 줍니다. 대단한 부모입니다.

🍐 『꽃을 좋아하는 소 페르디난드』 (먼로 리프 글, 러버트 로슨 그림/비룡소)
다른 소들은 치고받고 싸우며 놀지만 페르디난드는 꽃만 바라보며 지냅니다. 그때 가장 행복합니다.

🍐 『웨슬리 나라』 (폴 플레이쉬만 글, 케빈 호크스 그림/비룡소)
웨슬리는 친구들에게 늘 왕따를 당합니다. 그러다 자신만의 '웨슬리 나라'를 만듭니다. 친구들은 웨슬리를 부러워합니다.

🍐 『아슬아슬 여행』 (앤 조나스 지음/비룡소)
아이는 학교까지 가는 길에서 아주 많은 것을 보며 모험을 합니다. 어른들은 도무지 볼 수 없는 것들입니다.

🍐 『숲속에서』 (매리 홀 엣츠 지음/시공주니어)
아이는 한번도 가 본 적 없는 미지의 세계로 한발 내디디며 또 다른 자신과 만납니다. 그러면서 성장합니다.

🍐 『나는 티라노사우루스』 (피터 매카티 지음/마루벌)
티라노사우루스는 자신이 다른 공룡들에게 무서운 존재로 태어난 것에 불만입니다. 자신의 존재를 어떻게 받아들여야 좋을까요?

🍐 『구룬파 유치원』 (니시우치 미나미 글, 호리우치 세이이치 그림/한림출판사)
코끼리 구룬파는 씩씩하게 세상에 나왔지만 점점 자신감을 잃습니다. 자존감을 되찾을 방법은 없을까요?

II.
가족과 함께 커가는 아이들

멋진 아빠 『막대기 아빠』

엄마와 함께 『엄마 잃은 아기 참새』

보고 싶은 사람 『똥떡』

해피엔딩 『제랄다와 거인』

강해지지 않아도 『까만 네리노』

🍎 더 읽어주면 좋은 그림책 2
🍎 그림책 재미있게 읽어주는 팁 ①

멋진 아빠

가정으로 찾아가 가족과 함께 그림책도 보고 원예 활동도 하는 수업을 제가 처음 시작한 건 2014년입니다. 자주 가는 학교 근처의 복지관으로부터 의뢰를 받았습니다. 제 수업으로 가족이 좀 더 친해지고 서로를 이해할 수 있으면 좋겠다는 게 의뢰 이유였습니다. 하지만 어떤 가정이든 타인에게 집을 공개하는 건 쉬운 일이 아닙니다. 게다가 집에는 엄마와 아이들만 있는 경우가 많으므로 저처럼 남자 강사라면 부담스럽기도 할 테고요. 그래서 저는 강사가 찾아와 수업을 하는 게 아니라, 이웃집 아저씨가 놀러와 가족과 함께 노는 느낌이 들도록 애썼습니다. 이렇게 시작한 가정 방문 수업은 감사하게도 지금까지 이어지고 있습니다.

가정 방문 수업은 취지로 보자면 온 가족이 함께하는 게 맞습니다. 하지만 어느 시간에도 온 가족이 함께하는 건 쉽지 않고, 특히 아빠가 함께하기는 매우 어렵습니다. 그래서인지 아빠가 함께한 몇 안 되는 수업은 지금도 제 기억에 생생히 남아 있습니다. 초등학교 2학년 영민이는 엄마, 일곱 살 여동생과 함께 수업을 했습니다. 그런데 열 번 가운데 우연히 두 번이나 아빠가 수업에 참가했습니다. 그런데 아빠가 함께한 첫 번째 시간, 아빠는 열심히 화분에 식물을 심는 영민이에게 대뜸 이렇게 말했습니다.

"영민이 너 식물 제대로 키울 수 있겠어? 다 죽이는 거 아냐?"

사실 이 무렵 영민이는 이미 저와 여러 번 수업을 해서 식물에 관심도 생기고 키우는 일에도 막 재미를 붙이기 시작했습니다. 제가 올 때마다 이제껏 심은 식물들을 다 들고 나와서 자랑하기 바빴습니다. 그런데 아빠가 무심코 던진 말 한마디에 영민이의 표정은 굳어졌습니다. 결국 제가 영민이를 대신해 말했습니다.
"영민이는 이제 식물 잘 키워요. 하나도 죽이지 않았고, 저랑 몇 주 전에 심은 아이비도 지금 많이 컸더라고요. 정말 잘 돌봐주는 것 같아요."
아빠가 함께한 두 번째 시간에는 이런 일도 있었습니다. 이 날에는 유리 용기로 수경재배 화분을 만들었습니다. 마침 영민이 집에서 물고기를 키우고 있어서 작은 물고기 몇 마리를 뜰채로 건져 유리 용기에 넣어주기로 했습니다. 영민이와 여동생은 매우 즐거워하며 뜰채로 물고기를 건졌습니다. 그런데 여동생이 물고기를 못 건지고 계속 놓치자 옆에서 지켜보던 아빠가 획 하고 뜰채를 빼앗으며 이렇게 말했습니다.

"왜 그렇게 못하니? 아빠가 할게."

아빠는 딸이 물고기를 잘 못 건져 수업이 지체되니 답답한 마음에 그랬겠지만, 직접 물고기를 건지고 싶었던 영민이 여동생은 너무나 속상해서 엉엉 울고 말았습니다.

영민이 아빠가 칭찬에 인색하지 않고 좀 더 참을성 있게 아이들을 지켜봤다면 아마 아이들은 표정이 굳어지거나 울지 않았을 겁니다. 영민이는 식물 키우는 일을 더욱 즐거워했을 테고, 영민이 여동생에게도 뜰채로 물고기 건지던 시간은 즐거운 추억으로 남았겠지요. 하지만 그렇다고 영민이 아빠가 잘못했다는 건 절대 아닙니다. 아이들의 마음을 헤아리는 게 서툴렀을 뿐 아이들에 대한 관심과 애정은 정말 많았습니다. 수업하는 걸 보고도 방으로 획 들어가 버리는 아빠들도 많은데, 피곤한 몸으로 두 번이나 아이들과 함께 수업을 했으니까요. 열 번의 수업이 끝나고 저는 더 이상 영민이네를 방문할 기회가 없었지만, 분명 그 후 아빠는 아이들과 함께 식물에 물도 주고 유리 용기에서 헤엄치는 물고기도 구경했으리라 믿습니다.

막대기 아빠
지은이: 줄리아 도널드슨
그린이: 악셀 셰플러
옮긴이: 노은정
출판사: 비룡소

공원의 한 나무에 엄마, 아빠와 아이 셋 이렇게 막대기 가족 다섯 식구가 살고 있습니다. 아이 셋은 모두 개구쟁이이고 엄마와 아빠는 사이가 좋습니다. 그런데 행복한 이 가정에 어느 날 불행이 찾아옵니다. 여느 때와 다름없이 아침 운동을 나갔던 아빠가 덩치 큰 개에게 물려 끌려갔습니다. 아빠는 이곳저곳으로 끌려다니며 곤욕을 치릅니다. 아빠는 몸이 아프고 힘들었지만, 그보다는 아무도 자신의 존재를 몰라보는 게 가장 속상했습니다.

"난 막대기 아빠야, 막대기 아빠라고!"(본문 5쪽, 8쪽, 10쪽, 17쪽)

매번 이렇게 외쳤지만 아무 소용이 없었고, 시간이 흘러 추운 겨울이 되자 결국 아빠는 모든 걸 포기합니다.

나	막대기 엄마랑 막대기 아이들은 막대기 아빠가 정말 보고 싶겠다. 선생님도 어릴 적에는 매일 밤에 아빠가 오시는 걸 기다렸는데.
온유	우리 아빠는 맨날 늦게 들어와요.
나	바빠서 그러시겠지. 선생님 아빠도 그랬어.
우진	우리 아빠는 밤에도 나가요. 일해야 한대요.
나	힘드시겠다. 그런데 선생님도 집에서는 아빠야.
아이들	(놀란 듯이) 정말이요?!
우진	그럼 아이들도 있어요?
나	응. 형들 두 명이 있는데 지금은 어른이 됐어
온유	수업 끝나면 집에 갈 거예요?
나	당연하지. 집에 가서 아빠로 변신해야지.

다행히도 막대기 아빠는 산타클로스를 도운 덕분에 썰매를 타고 집으로 돌아올 수 있었습니다. 그리고 헤어졌던 가족과 함께 행복한 크리스마스를 보내며 이야기는 끝납니다.

나	너희는 아빠랑 같이 많이 노니?

현호	저는 아빠랑 자전거도 같이 탔어요.
민정	저는 놀이공원도 같이 갔어요.
승우	저는 아빠랑 같이 캠핑도 했어요.
나	좋겠다. 선생님은 아빠와 같이 별로 못 놀았어. 아빠가 좀 무서웠거든.
현호	선생님한테 화냈어요?
나	그런 건 아닌데 좀 안 친했던 것 같아. 그래서 선생님이 말도 잘 못 걸었어.
민정	지금 하면 되잖아요.
나	이제 못 해. 지금은 하늘나라에 가셨거든.

초등학교 2학년 남자아이 정호는 아빠와 둘이 살고 있었습니다. 마음의 병이 있던 엄마는 어느 날 집을 나갔다고 했습니다. 아빠는 쉰이 다 되어 얻은 정호를 매우 예뻐했는데 아빠 또한 마음의 병이 있어 힘들어했습니다. 복지관에서 저에게 수업을 의뢰한 이유는 아빠가 식물을 좋아하기도 하고, 같은 아빠 입장에서 제가 무언가 도움을 줄 수 있지 않을까 해서였습니다. 저는 매번 수업을 가기 전에 아빠에게 어떤 식물을 키우고 싶은지 물었고, 최대한 그 식물을 준비해 갔습니다. 그렇게 한 번 두 번 방문하면서 정호네 집 좁은 베란다는 식물로 채워졌습니다. 때로

는 아빠와 정호가 서로 식물에 물을 주겠다고 다투기도 했지만, 제가 볼 때는 식물이 아빠와 정호 사이를 좀 더 가깝게 해주고 두 사람에게 좋은 에너지를 주는 것 같았습니다. 아빠는 집 안에 식물을 키우면서 이전보다 삶의 의욕이 생겼고, 식물 관련된 일자리를 찾아보려 한다고 말했습니다. 그때 정호네 집 베란다를 채웠던 그 식물들은 시간이 꽤 흐른 지금도 여전히 잘 살아 있을 것만 같습니다.

2014년에 만난 영민이 아빠와 2018년에 만난 정호 아빠, 그리고 그림책 『막대기 아빠』의 아빠까지 그 누구도 가족에게 완벽한 아빠가 될 수는 없습니다. 때로는 다투고 서로에게 상처를 주며 힘들어할 수도 있습니다. 하지만 아빠 또한 가족과 함께 성장하며 깨달아가는 존재이므로 언제인가는 훨씬 더 멋진 아빠가 될 수 있을 거라 저는 믿습니다. 영민이 아빠, 정호 아빠, 그리고 저까지 모두 화이팅!

엄마와 함께

수업을 시작하기 전에 바닥에 까는 깔개로 김밥 놀이를 할 때가 있습니다. 아이가 김밥 속 재료가 되어서 깔개 위에 누워 있으면 제가 김밥을 말듯이 깔개로 아이를 마는 겁니다. 초록색 옷을 입은 아이는 시금치, 노란색 옷을 입은 아이는 단무지나 달걀, 빨간색 옷을 입은 아이는 소시지가 됩니다. 하얀색 옷을 입은 아이는 당연히 밥이 되겠지요.

　유치원에서 여섯 살 아이들과 김밥 놀이를 했습니다. 어떤 때는 두세 명을 나란히 눕히고 함께 말기도 하지만, 이날은 한 명씩 깔개 위에 눕혔습니다. 드디어 다른 친구들이 빨리 끝나기를 기다리던 승호 차례가 되었습니다.

나   승호야! 김 위에 누워 봐.
승호   (깔개 위에 누우며) 선생님, 저희 엄마는 '고○○ 김밥' 해요.
나   그래? 그럼 엄마는 김밥 엄청 잘 싸시겠다.
승호   네, 엄청 맛있어요.
나   (깔개를 말며) 얘들아, 김밥 속에 노란색은 뭐가 들어가게?
성민   달걀이요.
나   단무지도 있어. 그럼 초록색은 뭐가 들어갈까?
동준   시금치요.
성민   오이요.
나   맞아, 오이도 들어가지? 선생님은 잊고 있었네.
승호   (약간 울상이 되어) 어, '고○○ 김밥'에는 오이 안 들어가는데.
나   (약간 당황하여) 오이 안 들어가는 김밥도 맛있어.
승호   (안도하는 표정으로) 엄마가 싸주는 김밥은 정말 맛있어요.

그날 수업을 마치고 사무실에 들어온 저는 궁금한 마음에 인터넷으로 '고○○ 김밥' 사이트에 들어가 보았습니다. 김밥 사진을 확대해 보니 정말 '고○○ 김밥'에는 오이가 안 들어갔습니다.

승호의 관찰력이 대단하지요? 그나저나 저는 승호가 참 부러웠습니다. 엄마가 정성껏 싸준 김밥을 매일 먹을 수 있으니까요. 승호야, 엄마 김밥 맛있게 먹고 건강하게 자라라.

엄마 잃은 아기 참새
지은이: 루스 에인워스
그린이: 호리우치 세이이치
옮긴이: 이영준
출판사: 한림출판사
(절판되었습니다. 도서관에서 볼 수 있습니다.)

그림책 『엄마 잃은 아기 참새』는 엄마 참새와 아기 참새의 이야기입니다. 저는 읽어주기 전에 표지를 안 보여준 채로 아이들과 이야기를 나눕니다.

"얘들아, 알고 있는 새 이름을 하나씩 말해볼까?"

돌아가며 하나씩 말하는데, 까치, 비둘기, 참새, 제비, 독수리, 부엉이 등 아이들은 생각보다 새 이름을 많이 알고 있습니다.

나	오늘 볼 그림책은 새가 주인공인데, 주변에서 많이 보는 새야.
동우	비둘기요!
나	선생님은 비둘기 싫어해. 예전에 공원에 앉아 있는데 비둘

	기들이 날아가다가 선생님 머리에 똥을 쌌거든.
예신	하하하. 옛날에 저희 엄마도 그런 적 있었어요.
나	비둘기보다는 덩치가 조그맣고 짹짹짹 우는 새야.
아이들	(거의 동시에 큰소리로) 참새요!!!

그제야 저는 표지를 들어서 보여줍니다. 날개를 활짝 펴고 날아가는 참새 한 마리가 있고, 아래로는 탁 트인 들판도 보이고 굽이굽이 흐르는 강도 보입니다. 참새는 과연 어디로 가고 있는 걸까요?

나	이 그림책 제목이 '엄마 잃은 아기 참새'잖아. 저 아기 참새가 날아가다가 엄마를 잃어버리나 봐.
예신	엄마를 왜 잃어버려요?
나	그건 선생님도 책을 안 봐서 아직 몰라. 그런데 너희도 엄마 잃어버린 적 있니?
승민	예전에 어디 놀러 갔다가 동생을 잃어버려서 한참 찾았어요.
나	깜짝 놀랐겠네. 나중에는 찾았지?
승민	네, 동생이 막 울었어요.
나	다행이다. 너희는 만약에 마트에 갔다가 엄마를 잃어버리면 어떻게 할 거야?

민정 막 소리를 질러요.

예신 그 자리에 가만히 있어요.

 부모 입장에서 아이를 잃어버리는 건 끔찍한 경험입니다. 예전에 놀이공원에서 잠깐 아이를 잃어버렸다 찾은 엄마의 이야기를 들었습니다. 아이가 안 보이는 순간 자신이 다른 세상에 던져진 것 같은 비현실적인 느낌이 들었다고 합니다. 하지만 아이 입장에서 엄마를 잃어버리는 것은 이보다 훨씬 더 무섭고 충격적인 경험입니다. 그래서인지 아이들과 엄마를 잃어버렸던 경험을 나누다 보면, 아주 어릴 때 일인데도 대부분 생생하게 기억하고 있습니다.

 엄마 참새는 아기 참새가 어느 정도 자라자 나는 법을 가르칩니다. 아기 참새를 둥지 끝에 서게 한 다음, 머리를 뒤로 젖히고 날개를 퍼덕이라고 말해줍니다.

 엄마가 말한 대로 하자 아기 참새는 정말 하늘을 날았습니다. 태어나서 처음으로 공중에 떴으니 얼마나 신기했을까요? 저는 이 장면을 읽어준 다음 말똥말똥 저를 쳐다보는 아이들에게 이렇게 말합니다.

 "지금부터 너희도 아기 참새가 되어서 하늘을 날아볼 거야."

 그리고 아기 참새가 한 것과 똑같이 머리를 뒤로 젖히고 날

개(팔)를 퍼덕이도록 합니다. 아이들은 열심히 아기 참새 흉내를 내고, 그때 저는 슬쩍 아이 뒤로 가서 양손으로 아이의 허리를 잡고는 공중으로 획 들어 올립니다. 아이들은 순간 깜짝 놀라지만 자신이 진짜 아기 참새가 된 듯 쉬지 않고 날개(팔)를 파닥거립니다. 이제 공중에 떴으니 하늘을 날아다녀야겠지요? 약간 무거운 아이를 들 때면 버겁기도 하지만, 그래도 저는 있는 힘껏 아이를 번쩍 든 채 교실을 한 바퀴 돕니다. 그리고 바닥에 사뿐히 내려주며 말하지요.

"너희는 좋겠다. 아기 참새도 되어 보고."

이렇게 하늘을 날게 된 아기 참새에게 엄마는 처음이니 너무 무리하지 말고 돌담까지만 갔다 오라고 합니다. 하지만 아기 참새가 엄마의 말을 들을 리가 없습니다. 하늘을 나는 건 너무 재미있으니까요. 그러다 곧 날개와 머리가 아파옵니다. 그래서 엄마 말 안 들은 걸 후회하며 쉴 곳을 찾아 새들의 둥지를 찾아다닙니다. 그런데 아기 참새가 잠깐만 쉬게 해달라며 찾아간 까마귀, 산비둘기, 부엉이, 오리 둥지에서 새들은 모두 아기 참새를 못 들어오게 합니다. 자기들과 다른 종류의 새이기 때문입니다. 아기 참새가 쉴 곳을 못 찾고 계속 이 둥지 저 둥지를 돌아다니는 모습을 보며 아이들은 자신이 아기 참새라도 된 듯 화를 냅니다. 심지어 그림책 속의 까마귀, 산비둘기, 부엉이, 오리 그림을 때리며 화를 내는 아이도 있습니다.

"저 새들은 정말 나빠요!"

결국 모든 새에게 퇴짜를 맞아 쉴 곳을 못 찾은 아기 참새는 어둠이 깔린 땅 위에 내려앉습니다. 위험하지만 힘이 빠져서 어쩔 수 없습니다. 그때 엄마 참새가 다가옵니다. 아기 참새가 안 오니 걱정이 되어 찾으러 나섰던 겁니다. 제가 엄마 참새라면 세상이 얼마나 위험한데 왜 말을 안 듣고 마음대로 멀리 갔냐며 엄청 화내고 혼냈을 것 같은데, 엄마 참새는 그러지 않습니다. 지쳐서 더는 못 나는 아기 참새를 등에 업고 둥지로 돌아갑니다. 둥지로 돌아온 아기 참새는 엄마의 날개 밑에서 편안히 잠이 들고, 이야기는 이렇게 아이들에게 안도감과 편안함을 주며 끝납니다.

여섯 살 도훈이는 가정 방문 수업에서 만난 아이입니다. 어느 날 도훈이에게 『엄마 잃은 아기 참새』를 읽어주었더니 정말 재미있어 했습니다. 그래서 저는 두고두고 읽으라며 비록 낡은 책이지만 선물로 주었습니다. 그 다음 주 다시 도훈이를 만나러 갔을 때, 집에 들어가자마자 도훈이가 저에게 달려왔습니다.

도훈　선생님! 저는 『엄마 잃은 아기 참새』 평생 볼 거예요.

나	와, 도훈이는 '평생'이란 말도 아니?
도훈	네, 알아요.
나	그럼 일곱 살 때도 볼 거야?
도훈	네.
나	그럼 여덟 살 때도?
도훈	네.
나	그렇게 평생 엄마한테 읽어달라고 해. 선생님도 재미있어서 지금도 보거든.
도훈	선생님은 어른인데도 봐요?
나	당연하지. 도훈이도 평생 볼 거라고 했잖아. 그러니까 어른이 돼도 봐야지.

 옆에 앉아 있던 엄마 말로는 일주일 내내 도훈이가 밤마다 『엄마 잃은 아기 참새』를 읽어달라고 했답니다.
 '그래, 도훈아, 그렇게 평생 엄마한테 읽어달라고 하면 되는 거야.'
 소풍날이면 아침 일찍 김밥을 싸주셨고, 아플 때면 곁에서 그림책을 읽어주셨던 엄마를 하늘나라로 떠나보낸 저는 승호와 도훈이가 한없이 부럽습니다.

보고 싶은 사람

물가 관련 뉴스를 보다 보면 아직도 가족 생활비나 외식비를 '4인 가족' 기준으로 잡는 경우가 많습니다. 여기서 '4인'은 대개 아빠, 엄마, 아이 두 명을 뜻하는데요. 하지만 수업 시간에 아이들과 이야기를 나눠 보면 적게는 두 명부터, 많게는 여섯, 일곱 명까지 가족 구성원의 수는 집집마다 다 다릅니다. 게다가 요즘은 가정의 형태도 다양해졌습니다. 엄마, 아빠가 함께 있는 가정뿐만 아니라 '모자(母子) 가정', '부자(父子) 가정' 그리고 '조손(祖孫) 가정'도 있습니다. '조손 가정'은 엄마, 아빠 없이 할머니, 할아버지가 손주와 함께 사는 가정입니다. 아이를 돌본다는 건 젊은 엄마, 아빠에게도 쉽지 않은 일인데, 할머니, 할아버지에게는 얼마나 힘든 일일지 상상이 될 겁니다. 저도 조손 가정 두 집을 방문했던 기억이 있습니다.

첫 번째 집에서는 할머니가 초등학교 1학년 손주를 키우고 있었습니다. 가정방문을 가면 고맙게도 과일이나 빵 같은 먹을 걸 내어주는 집이 있습니다. 이때마다 저는 "아무것도 안 주셔도 괜찮습니다."라고 말하며 완곡하게 거절하는데, 이집만큼은 거절할 수가 없었습니다. 여든을 넘긴 할머니는 귀한 손님을 대접하듯 어느 날은 김치부침개, 어느 날은 설탕 묻힌 토스트, 어느 날은 떡을 내어주었습니다. 제가 그걸 맛있게 먹고 있으면(정말로 맛있었습니다.) 할머니는 옆에 앉아 자신이 젊은 시절 고생하며 살아온 이야기를 하나둘 끄집어내어 들려주었습니다. 저는 그 이야기에 빠진 나머지 아이와 수업하러 왔다는 걸 잠시 잊은 적도 있었습니다. 마지막 열 번째 수업 날, 저는 문득 할머니에게 옛날로 돌아갈 수 있다면 언제로 돌아가고 싶은지 물었습니다. 그러자 할머니는 한숨을 쉬며 말했습니다.

"젊었을 때 하도 고생을 많이 해서 별로 돌아가고 싶지 않아요."

할머니의 삶이 얼마나 고단했는지 새삼 느낄 수 있었습니다.

두 번째 집에서는 할아버지, 할머니가 초등학교 2학년 쌍둥이 손주 남매를 키우고 있었습니다. 수업은 두 아이와 할아버지가 함께했습니다. 할아버지는 거의 구순에 가까웠지만 매우 정정했습니다. 어느 날은 제가 아이들에게 '바리데기' 이야기를 들려주는데, 어느새 두 아이보다 할아버지가 더 재밌게 듣고 있었습니다. 어찌나 이야기에 몰입했던지 중간에 '거 참!', '어허'를 몇 번이나 반복하기도 했고요. 어느 날은 할아버지가 6·25전쟁 때 이야기를 저에게 들려주기도 했습니다. 할아버지는 스물두 살 때 강원도 인제에서 중공군과 싸웠다고 했습니다. 그런데 폭격을 받아 후퇴하던 중, 다쳐서 길가에 누운 채 살려달라고 외치는 군인과 마주쳤답니다. 할아버지는 자기 한 몸 건사하기 힘들어 모른 체하고 지나쳤는데, 지금도 그 군인의 눈빛이 잊히지 않는다며 이렇게 말했습니다. "그 군인은 다리를 많이 다쳤어요. 아마 거기서 죽었을 거예요." 할아버지의 이야기에 빠져 있던 저에게 아이들은 왜 빨리 수업을 안 하냐며 짜증을 냈습니다. 하지만 이 날 저는 아이들과 수업하는 것보다 할아버지의 이야기를 듣는 게 더 재미있었습니다. 더 많이 듣고 싶었지만 아이들을 생각해서 참았습니다.

똥떡

지은이: 이춘희
그린이: 박지훈
출판사: 사파리

『똥떡』은 아이들이 싫어하려고 해도 싫어할 수 없는 그림책입니다. 시대와 세대를 초월한 아이들의 영원한 흥밋거리 '귀신'과 '똥'이 나오기 때문입니다. 표지부터 뒷간에서 똥을 누는 준호의 엉덩이가 보입니다.

나	얘들아, 저 아이 이름이 준호래.
아이들	하하하. 엉덩이. 하하하
나	그러게. 엉덩이 보인다. 그런데 준호가 지금 뭐 하고 있게?
현서	똥 누고 있어요.
나	너희도 저런 데서 똥 눠 본 적 있니? 선생님 어릴 적엔 맨날 저런 데서 똥 눴는데.
경훈	전 안 해봤어요.
동운	저는 옛날에 시골 가서 본 적 있어요.
나	맞아. 요새는 거의 볼 수 없을 거야. 그런데 준호가 엉덩이를 흔들면서 똥을 누다가 어떻게 되는 줄 알아? (저도 아이들 앞에서 준호처럼 쭈그리고 앉아 똥 누는 흉내를 냅니다.) 저기 구멍 아래 바로 거기로.
현서	빠졌어요?

준호는 똥을 누며 흥에 겨워 엉덩이를 흔들다가 똥통 속으로

빠집니다. 다행히 손으로 발판을 잡아 완전히 빠지지는 않았지요. 준호가 똥통에 빠지는 순간, 어른아이 할 것 없이 모두 탄성을 지릅니다. 그야말로 화면 가득 온통 '똥 바다'이니까요.

언제인가 퇴임한 초등학교 교장, 교감 선생님들에게 이 책을 읽어준 적이 있습니다. 이분들은 책 읽어주기 봉사 활동을 준비하고 있었습니다. 함께 재미있게 본 다음 쉬는 시간이 되었는데, 한 분이 저에게 오더니 이런 이야기를 들려주었습니다.

"아까 준호가 똥통에 빠지는 장면 있잖아요? 제가 어릴 때 정말 저렇게 빠진 적이 있어요. 그런데 지금 그림책을 보는 사람들은 시선이 모두 똥으로 가지만, 막상 준호는 어디를 보게 되는 줄 아세요? 바로 자기 눈앞이에요. 손으로 잡은 곳이요. 발을 디디는 거기에 오줌도 묻어 있고 아주 더럽거든요. 저는 몇 십 년이 지난 지금도 그때 그 공포감이 너무너무 생생해요. 준호는 아래에 있는 똥을 볼 겨를이 없어요."

참 생생한 증언이지요? 쉬는 시간이 끝나고 저는 방금 들은 그분의 이야기를 전하며 다시 수업을 시작했습니다. 그러자 머리가 희끗희끗한 어른들이 마치 아이들처럼 신이 나서 이야기를 나누었습니다. 그림책 속 이야기가 살아나고 풍성해지는 순간이었습니다.

준호가 온몸에 똥을 묻히고 울고 있을 때 마실 갔던 할머니가 돌아옵니다. 그리고 옛날부터 똥통에 빠진 아이는 일찍 죽으니, 똥떡을 만들어 뒷간 귀신에게 바쳐야 한다고 알려줍니다. 엄마와 할머니는 준호를 위해 정성껏 똥떡을 만들어 뒷간 앞에 놓고는 준호와 함께 뒷간 귀신에게 열심히 빕니다.

"맛있는 똥떡 드시고 우리 준호 아무 탈 없이 오래 살게 해 주세요." (본문 24쪽)

다행히 뒷간 귀신은 똥떡을 맛있게 먹고 요란한 웃음소리를 내며 사라집니다. 준호는 똥떡을 이웃집에 돌리며 이야기는 끝나지요.

『똥떡』은 재미도 있으면서 잊혀가는 우리 문화를 알려주는 좋은 그림책입니다. 그렇다면 이 그림책의 주인공은 누구일까요? 똥통에 빠진 준호? 아니면 뒷간 귀신? 저는 할머니라고 생각합니다. 지금 세상에 혈연, 지연 중심으로 농어업을 하던 마을 공동체는 진즉에 해체되었습니다. 따라서 이제 위 세대의 경험은 아래 세대에게 필요 없어져 버렸고, 단지 낡은 것, 헌 것 취급을 받게 되었습니다. 하지만 『똥떡』의 할머니는 그렇지 않습니다. 할머니는 똥통에 빠진 손주가 일찍 죽지 않으려면 똥떡을 만들어 귀신에게 줘야 한다는 중요한 정보를 자신 있게 가족에게 알려줍니다. 그리고 할머니의 말에 가족은 일사불란하게 움직입니다. 책을 보는 아이들은 준호의 모습에 자신을 투영하므로 준호의 할머니를 자연스레 자신의 할머니로 받아들입니다. 그리고 자신의 할머니도 준호의 할머니처럼 지혜와 용기를 갖고 있으리라 생각합니다.

초등학교 저학년 아이들 네 명과 수업할 때 일입니다. 식물을 심기 전에 아이들은 토분에 그림을 그리며 저와 이야기를 나눴습니다.

나   민아는 어른들에게 무슨 말 들을 때 가장 기분이 좋아?

민아   귀엽다는 말 들을 때요.

나   유미는 어른들에게 무슨 말 들을 때 가장 기분이 좋아?

유미   그림 잘 그린다는 말 들을 때요.

나   정훈이는 어른들에게 무슨 말 들을 때 가장 기분이 좋아?

정훈   저는 할아버지가 건강해지면 좋겠어요.

나   응? 아, 할아버지가 편찮으신가 보구나.

정훈   네, 아파서 누워 계세요.

나   정훈이 할아버지가 빨리 건강해지시면 좋겠다.

민호   저는 할머니가 저 어릴 때 돌아가셨어요.

나   얼마나 어릴 때?

민호   저 아기 때요. 그래서 옛날로 돌아가서 할머니 보고 싶어요.

정훈이와 민호가 제 질문과 관계없이 할아버지, 할머니 이야기를 꺼낸 걸 보면 두 아이의 머릿속에는 늘 할아버지, 할머니가 자리 잡고 있었나 봅니다. 아이들 이야기를 들으니 저도 30여 년 전 돌아가신 할아버지, 할머니 모습이 떠올랐습니다. 두 분이 저에게 많은 사랑을 베풀어주신 덕분에 저도 아이들에게 많은 사랑을 줄 수 있는 것 같습니다. 가정 방문 때 부침개와 토스트를 만들어주던 할머니와 6·25전쟁의 생생한 경험을 들려주던 할아버지. 부디 건강하게 오래오래 살면서 당신들의 지혜와 사랑을 손주들에게 전해주면 좋겠습니다.

해피엔딩

만난 지 얼마 안 되었는데 오래전부터 알던 사이처럼 느껴지는 사람이 있습니다. 수업 때 만나는 아이들도 그렇습니다. 나이 차이가 거의 오십 년이 나는데도 희한하게 마음이 잘 맞는 아이가 있습니다. 유치원에서 만난 여섯 살 지민이도 그랬습니다. 지민이는 수업 때마다 유난히 저와 이야기하고 싶어 했고, 저도 지민이의 이야기를 듣는 게 좋았습니다. 그래서 저는 수업 시작하기 전에 5분가량 시간을 내어 지민이와 이런저런 이야기를 나누곤 했습니다. 지민이의 엄마는 필리핀 사람이었습니다.

지민   아빠가 방에서 담배를 피워서 동생이 기침을 해요.

나	그럼 지민이가 '아빠, 담배 피지 마세요!'라고 말해. 지민이랑 동생의 코, 입으로도 담배 연기가 들어갈 거야.
지민	엄마는 밤에 일하러 가는데 힘들어해요.
나	지민이가 '엄마 힘내세요!'라고 말씀드리면 엄마가 힘이 나지 않을까?
지민	근데 엄마는 영어로만 말해요.
나	엄마 멋지다. 선생님은 영어 못하는데.
지민	우리나라 말 배우고 싶은데 시간이 없대요.
나	지민이가 우리나라 말 잘하니까 가르쳐 드려.
지민	네.

아이들은 끊임없이 가족을 관찰하고 항상 무언가 이야기하고 싶어 합니다. 저는 지민이가 말해준 엄마, 아빠 그리고 동생의 이야기를 들으며, 지민이가 걱정하는 식구들의 모습이 고스란히 머릿속에 그려졌습니다. 그래서 그날 수업이 끝나고 나서 다시 지민이와 이야기를 나눴습니다.

나	오늘 심은 '레드스타' 있잖아. 집에 가져가서 엄마, 아빠, 동생이랑 같이 이야기를 나눠 봐.
지민	무슨 이야기를 해요?
나	아빠가 방에서 담배를 피우신댔잖아. '아빠, 방에서 담배를 피우면 레드스타가 싫어할 거예요'라고 말씀드려.
지민	엄마한테는요?
나	'엄마, 이 식물 이름이 '레드스타'래요. '레드스타' 영어로 좀 써주세요.' 라고 말씀드려 봐. 엄마는 영어를 잘하니까 금방 써 주실 거야.
지민	동생은요?
나	동생이랑은 같이 물을 주면 되지. 오늘은 지민이가 주고 다음에는 동생이 주고, 이런 식으로 번갈아 주면 돼.

가족 한 명 한 명을 생각하고 걱정하는 지민이는 참으로 예쁘고 의젓합니다. 아빠와 둘이서 씩씩하게 살아가는 제랄다처럼요.

제랄다와 거인
지은이: 토미 웅게러
옮긴이: 김경연
출판사: 비룡소

그림책 『제랄다와 거인』은 표지부터 느낌이 매우 강렬합니다. 무섭게 인상을 쓰고 있는 남자가 한 손에는 머그잔, 한 손에는 칼을 들고 있는데, 바로 그 앞의 여자아이는 겁도 안 나는지 남자를 바라보며 생긋 웃고 있습니다. 바로 제랄다입니다.

나 얘들아, 저 여자아이는 아저씨가 칼을 들고 있는데 안 무서운가 봐.

소영 (시시한 듯) 하나도 안 무서워 보여요.

찬우 (아무렇지도 않은 듯) 안 잡아먹을 것 같은데요.

나 정말? 선생님은 엄청 무서워 보이는데. 그런데 저 접시 위에 있는 게 뭘까?

아이들 생쥐요.

나 혹시 생쥐를 먹으려는 걸까? 빨간 것도 묻어 있는데.

소영 (하나도 안 무섭다는 듯이) 피 흘린 거예요.

표지에 등장한 무시무시하게 생긴 남자의 정체는 사람을 잡아먹는 거인입니다. 이는 날카롭고 수염은 가시처럼 뾰족뾰족하고 코는 큼지막한 데다가 성미는 괴팍스럽지요. 그림책 『제랄다와 거인』은 이렇게 무시무시한 거인이 여자아이 제랄다와 만나 변해가는 모습을 보여줍니다. 이야기를 읽어주는 내내 아이들은 혹시 거인이 제랄다를 잡아먹지 않을까 걱정하지만 그런 일은 결코 벌어지지 않습니다. 오히려 여섯 살 때부터 요리를 한 제랄다가 맛있는 요리를 만들어준 덕분에 거인은 다양한 음식의 맛을 알고는 사람을 잡아먹지 않게 됩니다. 그리고 마지막 장면에서 제랄다와 거인은 결혼을 합니다.

나 제랄다는 커서 거인이랑 결혼을 했대.

아이들 (어리둥절한 표정으로) 네?!

찬우 제랄다는 아이이고 거인은 어른인데 어떻게 결혼을 해요?

나 나중에 시간이 많이 흘러서 제랄다도 어른이 된 거야.

소영 그럼 둘이 사랑해서 결혼한 거예요?

나 당연히 둘이 사랑하니까 결혼했겠지.

그쯤에서 저는 표지의 무서운 거인 모습과 마지막 장면의 웃고 있는 거인 모습을 번갈아가면서 보여줍니다.

나 어때? 마지막 장면의 거인은 표지에 나온 거인이랑 뭔가 달라진 것 같지 않니?

찬우 모자를 안 썼어요.

소영 웃어요.

경민 수염을 깎았어요.

우빈 옷이 달라졌어요.

 같은 사람이 이렇게 달라질 수 있는 게 '사랑의 힘'인가 싶어 그저 놀라울 뿐입니다. 자, 그럼 이제 이 그림책의 유명한 마지막 문장을 읽어봅니다.

 '그러니까 죽을 때까지 아주 행복하게 살았다고 말해도 좋을 거예요.'(본문 30쪽)

 당연히 제랄다와 거인이 행복하게 사는 걸로 끝나야 훈훈한 마무리겠지만, 이 책의 작가 토미 웅거러(Tomi Ungerer, 1931~2019)는 '말해도 좋을 거예요'라고 묘한 여운을 남기며 끝을 맺습니다. 이는 행복하게 못 살 수도 있다는 여지를 남기는 건데요. 아이들은 용케 마지막 장면의 그림 속에서 이상한 부분을 찾아냅니다.

우빈 선생님! 저기 아이 한 명이 칼과 포크를 뒤에 숨기고 있어요.

나 아기 잡아먹으려 그러나 봐.

경민 (놀라는 표정을 지으며) 왜 아기를 잡아먹어요?

나 거인 아빠를 닮아서 그런 거 아닐까?

찬우 아빠가 사람 잡아먹는 거인이라서요?

나	응. 원래 아이들은 엄마, 아빠를 닮잖아. 근데 안 잡아먹을 거야. 거인도 이제는 제랄다가 해준 요리만 먹고 아이들을 안 잡아먹으니까.

미래는 아무도 모릅니다. 제랄다와 거인이 지금은 행복해도 언젠가 불행과 맞닥뜨릴 수 있습니다. 칼과 포크를 든 아이도 아빠를 닮은 식성 때문에 지금은 내적 갈등을 겪어도 언젠가 아빠처럼 달라질 수 있습니다. 이렇듯 앞날을 알 수 없는 게 인생이란 걸 보여주려고 작가는 제랄다가 어린 나이에 엄마도 잃게 하고, 요리도 하도록 하고, 거인도 만나게 한 게 아닐까 생각합니다. 순간순간 열심히 살면서 자신만의 운명을 만들어나갈 수 있도록 말이지요. 그래서 저는 제멋대로 『제랄다와 거인』의 뒷이야기를 만들어 아이들과 이야기를 나눕니다.

나	그런데 아이가 아기 동생을 잡아먹으려고 하는 걸 엄마 제랄다가 알았대.
소영	어떻게 알았어요?
나	제랄다는 엄마니까 아이를 척 보고 알았나 봐. 그래서 아이를 고쳐줬대.
찬우	어떻게 고쳐요?

나	아빠 거인한테 한 것처럼 아이한테도 맛있는 음식을 만들어줬어. 뭘 만들어줬을까? 돈가스? 치킨? 떡볶이? 아마 엄마니까 아이가 좋아하는 음식을 잘 알았겠지. 그래서 아이는 맛있는 음식을 먹고 나서 아기 동생을 잡아먹고 싶은 마음이 싹 사라졌대. 아이도 아빠처럼 된 거야.

저와 이야기하고 싶어 했던 지민이 눈에는 현재 가족의 모습이 조금은 어두워 보이는 것 같습니다. 하지만 지민이가 늘 이렇게 가족에게 관심과 애정을 갖고 있으니 결국은 제랄다의 가정처럼 행복해질 거라고 말해도 좋지 않을까요? 밤에 일하러 나가기도 힘들고 우리말도 배우고 싶은 엄마, 담배로 스트레스를 푸는 아빠, 담배 연기 때문에 기침을 하는 동생, 이런 가족을 걱정하는 지민이. 이 가족의 삶이 앞으로는 분명히 더 단단하고 건강해지리라고 믿습니다. 지민이가 매주 집에 가져간 조그만 식물들이 그런 해피엔딩을 만드는 데 조금이라도 도움이 되었으면 좋겠습니다.

강해지지 않아도

선이는 가정 폭력 때문에 잠시 부모와 떨어져 지내는 초등학교 3학년 여자아이였습니다. 선이는 법원에서 부모와 같이 지낼 수 없다고 판결을 내려 보호기관으로 가야 했지만, 아직 갈 기관은 못 찾은 듯했습니다. 저는 선이를 여름 방학 때 만나고 겨울 방학 때 다시 만났습니다. 크리스마스를 앞두고 있어서 여러 종류의 꽃으로 크리스마스 리스를 만들었습니다. 그런데 한참 리스 틀에 꽃을 꽂고 있던 선이가 갑자기 자기 방으로 가더니 무언가 갖고 왔습니다. 일회용 투명 컵에 심은 식물 '화이트 스타'였습니다.

나	이거 어디에서 난 거야?
선이	학교에서 심은 거예요. 근데 이거 죽은 거 아니죠?
나	(식물을 살펴보고) 응, 지금 아주 튼튼해.
선이	그럼 그냥 이렇게 놔둬도 돼요?
나	컵 밑에 물 빠지는 구멍을 뚫어주고 흙만 좀 더 넣어주면 잘 살 거야.

저는 선이의 화이트스타가 잘 살 수 있도록 흙도 더 북돋아주고 컵 바닥에 구멍도 몇 개 뚫어주었습니다. 물을 주니까 컵이 투명해서 물이 흙으로 스며드는 게 잘 보였습니다.

선이	선생님, 속이 다 보이니까 뿌리가 자라는 것도 보이겠어요.
나	정말 그렇겠다.
선이	근데요, 제가 다른 곳에 갈 때 이거 가져갈 수 있을까요?
나	글쎄, 가는 곳에 식물 둘 공간이 있을까?
선이	(약간 굳은 표정으로) 아마 안 될 거예요.
나	그럴까?
선이	(굳은 표정으로) 네, 안 될 거예요.
나	….

저는 "선이가 가져가고 싶으면 가져가면 되지, 안 될 게 뭐 있어!"라고 자신 있게 말해주고 싶었지만, 차마 입이 떨어지지 않았습니다. 다른 기관에 가져가는 게 현실적으로는 힘들 테니까요. 그저 굳은 표정으로 "안 될 거예요."라고 말하는 선이의 모습만 자꾸 머릿속을 맴돌았습니다.

까만 네리노
지은이: 헬가 갈러
옮긴이: 유혜자
출판사: 북뱅크
(절판되었습니다. 도서관에서 볼 수 있습니다.)

그림책 『까만 네리노』는 아빠, 엄마, 다섯 형제, 이렇게 일곱 식구인 네리노 가족의 이야기입니다. 그런데 '네리노'가 무슨 동물인지 책에도 나와 있지 않고 그림을 봐도 도무지 알 수 없습니다. 유치원 아이들과 이야기를 나누었습니다.

나	네리노는 동글동글하게 생겼는데 무슨 동물일까?
경훈	올빼미요.
나	그래? 근데 새라면 부리가 있을 텐데 잘 안 보여.

| 승호 | 새끼라서 그래요.
| 연아 | 다리도 있잖아요.
| 나 | 정말 그러네. 다리가 저렇게 생긴 걸 보면 새 맞나 보다.
| 경훈 | 새끼 올빼미예요.
| 나 | 좋아. 그럼 네리노는 올빼미라고 생각하자.

'까만 네리노'의 엄마, 아빠는 맞벌이를 합니다. 그래서 하루 종일 집에는 '까만 네리노'와 형 넷만 있습니다. 그런데 형들은 놀 때나 잘 때나 '까만 네리노'를 끼워주질 않습니다. 이유는 단 하나. 형들은 알록달록한 색깔이고 네리노는 까맣기 때문입니다.

| 나 | 형들은 너무한 것 같아. '까만 네리노'가 까맣다고 안 끼워주잖아. 그런데 까맣다고 왜 안 끼워주지? 선생님은 까만색이 멋있는데.
| 승호 | 혹시 까매서 안 보여서 같이 못 논 건 아니에요?
| 나 | 그건 아닐 거야. 낮에는 까매도 잘 보이잖아. 아무튼 형들은 밤에 잠잘 때도 '까만 네리노'를 혼자 자게 해서, '까만 네리노'는 쓸쓸했대. 쓸쓸한 게 뭔지 너희는 아니?
| 경훈 | 심심한 거예요.
| 연아 | 슬픈 거요.

나	맞아. 심심하고 슬픈 거야. '까만 네리노'는 혼자 자서 무섭기도 했겠다.
승호	저는 혼자 자도 하나도 안 무서워요.
나	그래? 선생님은 겁이 많아서 어릴 때 혼자서 못 잤는데.
경훈	겁쟁이였어요?
나	응, 실은 선생님은 지금도 겁쟁이야. 놀이 기구도 잘 못 타거든.
연아	저는 놀이 기구 엄청 잘 타요. 하나도 안 무서워요.

까매서 형들에게 따돌림을 당하는 '까만 네리노'는 당연히 자신의 까만 몸이 싫었습니다. 그렇다고 몸 색깔을 바꿀 수도 없습니다. 염색을 하면 된다고 말하는 아이도 있지만, 그건 잠깐뿐입니다. 그러던 어느 날 형들이 예쁜 색깔 때문에 사람에게 잡혀 새장에 갇혀버리고 맙니다. 그래서 '까만 네리노'는 까만 밤에 몰래 새장 문을 열고 형들을 구해줍니다. 몸이 까맣기 때문에 가능한 일이었습니다. 그 후 '까만 네리노'는 어떻게 되었을까요? 까만 몸은 그대로였지만 형들은 '까만 네리노'를 예뻐하며 함께 놀고 함께 잤습니다.

나	선생님은 형들이 좀 치사한 것 같아. 같이 안 놀다가 자기들 구해줬다고 같이 놀잖아.

승호	그래도 '까만 네리노'는 형들이랑 노는 게 좋은가 봐요.
경훈	제 동생도 자꾸 저랑 같이 놀자고 그래요.
나	그래서 같이 놀아주니?
경훈	어떤 때는 같이 놀고 어떤 때는 귀찮아서 안 놀아줘요.
나	같이 놀아주면 나중에 동생이 너 구해줄지도 몰라.
경훈	저는 새장에 안 갇힐 거예요.

선이와의 만남은 그해 겨울이 마지막이었습니다. 해가 바뀌어 다시 그곳을 찾았을 때 선이는 없었습니다. 대신 처음 만나는 초등학생 한 명, 중학생 한 명, 고등학생 한 명이 있었습니다. 이날 저는 스파티필룸이란 식물을 가져갔습니다. 스파티필룸은 잎도 금세 자라고 꽃도 자주 피워서 키우는 재미가 있는 식물입니다. 물이 부족해 잎이 축 늘어져도 물을 주면 하루 만에 다시 꼿꼿하게 일어나는 생명력 강한 식물이기도 하고요. 세 아이는 각각 자기 화분에 스파티필룸을 심고 이름을 지어주었습니다. 그리고 이름표를 화분에 꽂아주었습니다.

나	이 스파티필룸은 너희가 심고 이름도 지어주었으니까, 이제 너희가 책임지고 키워야 돼.
은미	얘는 '씩씩이'예요. 저는 '씩씩이'를 강하게 키울 거예요.

나	강하게? 어떻게 하면 강하게 키울 수 있을까?
은미	'너는 강하게 자라야 돼!'라고 매일 말해줄 거예요.
나	그래, 은미가 그렇게 매일 쳐다보고 말을 걸고 쓰다듬어 주면 이 스파티필룸은 정말 강하게 자랄 수 있을 거야.

세 아이의 스파티필룸 화분 세 개를 탁자 위에 나란히 놓고 사진을 찍으려는데, 은미는 자신이 심은 스파티필룸 '씩씩이' 앞에서 주문이라도 걸듯 되뇌었습니다.

'나는 너를 강하게 키울 거야. 강하게 키울 거야. 너는 강하게 자라야 돼, 강하게 자라야 돼.'

일 년 동안이나 정신과 치료를 받았다는 은미의 심정이 느껴지는 듯해서 마음이 짠했습니다. 은미는 자신이 약하기 때문에 가족 간에 안 좋은 일도 생긴다고 여기는 것 같았습니다. 그러니 당연히 강해지고 싶었겠지요. '까만 네리노'도 마찬가지였습니다. 자신의 타고난 까만색이 싫었고 형들처럼 예쁜 색깔을 갖고 싶었습니다. 하지만 결국 이 까만색 덕분에 형들도 구하고 자기 자신도 되찾을 수 있었습니다. '까만 네리노'가 그랬듯이 이 아이들에게도 언젠가는 꼭 빛날 날이 올 겁니다. 화이트스타와 스파티필룸도 이 아이들에게 힘이 되기를 바랍니다.

더 읽어주면 좋은 그림책 2

아이가 가족과 함께 커가기 위해서는 무엇이 가장 필요할까요? 저는 '사랑'이라고 생각합니다. 스스로 한없이 약한 존재라고 느끼는 아이들은 가족 구성원 모두가 자신을 사랑한다고 느낄 때 비로소 안정감과 자신감을 가집니다. 이렇게 사랑을 듬뿍 받고 자란 아이가 어른이 되었을 때, 자신이 받은 사랑을 다른 사람에게 나눠주는 건 너무 당연한 일 아닐까요?

🍐 『여우난골족』 (백석 글, 홍성찬 그림/창비)
백 년 전 가족의 모습과 지금 가족의 모습은 매우 다릅니다. 그렇다면 지금부터 백 년 후의 가족은 또 어떤 모습일까요?

🍐 『티격태격 오순도순』 (샬롯 졸로토 글, 아놀드 로벨 그림/보물창고)
가족 한 명이 화를 내면 그 화는 온 가족에게 퍼집니다. 하지만 화를 푸는 방법도 똑같습니다.

🍐 『페페 가로등을 켜는 아이』 (일라이자 바톤 글, 테드 르윈 그림/열린어린이)
대개 아빠는 아이에게 사랑한다는 말을 잘 못합니다. 하지만 쑥스럽더라도 자꾸 표현해야 합니다.

🍐 『내게는 소리를 듣지 못하는 여동생이 있습니다』 (진 화이트하우스 피터슨 글, 데보라 코간 레이 그림/웅진주니어)
남들에게는 그저 청각장애인으로만 보일지 모를 여동생이, 언니에게는 늘 귀엽고 재미있고 특별한 존재입니다.

- 『줄리어스, 어디 있니?』 (존 버닝햄 지음/현북스)

줄리어스는 자기 방에 틀어박혀 나오지 않습니다. 그래도 엄마, 아빠는 절대 초조해하거나 불안해하지 않습니다.

- 『위층 할머니, 아래층 할머니』 (토미 드 파올라 지음/비룡소)

시간은 흐르고 나이를 먹어도 가족 간의 사랑은 결코 멈추지 않습니다. 위에서 아래로 흘러내려갑니다.

- 『초록아줌마, 갈색아줌마, 보라아줌마』 (엘사 베스코브 지음/시공주니어)

세 아줌마와 한 아저씨는 고아 오누이를 데려와 키웁니다. 그 안에 진정한 가족의 모습이 있습니다.

- 『사랑하는 밀리』 (그림 형제 글, 모리스 샌닥 그림/비룡소)

엄마는 언제까지나 한자리에서 자신의 아이가 돌아오기를 기다립니다. 부모의 자식 사랑은 정말 위대합니다.

- 『코끼리 아저씨와 100개의 물방울』 (노인경 지음/문학동네)

코끼리 아빠가 가족을 위해 열심히 일을 합니다. 너무너무 힘들 것 같은데도 즐거워 보이는 건 왜일까요?

- 『힘든 때』 (바바라 슈크 헤이젠 글, 트리나 샤트 하이맨 그림/미래아이)

가족은 언제든지 힘든 상황과 맞닥뜨릴 수 있습니다. 하지만 가족이기에 함께 버텨낼 수 있습니다.

그림책을 재미있게 읽어주는 팁 ①

그림책은 어떻게 읽어주어야 할까요? 큰소리로 읽어주어야 할까요? 감정을 한껏 살려 읽어주어야 할까요? 방법은 상관없습니다. 물론 선생님이나 동화구연사가 멋지게 들려주는 이야기도 좋겠지만, 아이들은 엄마, 아빠의 목소리로 듣는 이야기를 가장 좋아합니다. 엄마, 아빠가 그림책을 펼치고 읽어주기 시작하는 순간 아이들은 안도감과 일체감을 느끼고 행복해합니다. 기교는 필요 없습니다. 아이를 사랑하는 마음만 담아서 읽어주면 됩니다. 그렇게 그림책을 읽어줄 때 아이와 좀 더 교감을 가질 수 있는 간단한 팁 몇 가지를 소개합니다.

첫째, 대화를 나눌 때의 속도보다 1.5~2배 정도 느리게 읽어줍니다. 도서관에서 아이들에게 책을 읽어주는 엄마, 아빠를 보면 무척 빨리 읽어준다는 느낌을 받습니다. 이는 일상 대화의 속도로 읽어주기 때문입니다. 하지만 그림책에는 일상 대화에 비해 어려운 단어도 자주 나오고 긴 문장도 많습니다. 따라서 대화를 나눌 때보다 의도적으로 느리게 읽어주어야 아이가 책 내용을 이해할 뿐만 아니라 상상력을 펼칠 수 있습니다. 처음에는 느리게 읽어주다가도 점점 빨라지기 쉬우므로 늘 속도에 신경 쓰며 읽어주세요.

둘째, 문장과 문장 사이에 2~3초가량 공백을 두며 읽어줍니다. 아무리 재미있는 그림책을 읽어주더라도 아이들이 계속 집중하기는 쉽지 않습니다. 그럴 때는 문장과 문장 사이에 2~3초가량 공백을 두는 것도 좋습니다. 갑자기 이야기를 멈추면 아이는 무슨 일인가 싶어 읽어주는 사람의 얼굴을 바라봅니다. 이때 아이와 눈을 맞추며 다시 읽어주기 시작하면 아이는 자연스레 이야기 속으로 들어갑니다. 물론 매 문장마다 그렇게 할 필요는 없고, 아이의 반응을 살피며 적절히 활용하면 됩니다.

셋째, 책 내용이나 아이의 반응에 따라 책 넘기는 속도를 달리하면 좋습니다. 그림책을 읽어주다 보면 아이가 다음 장면을 매우 궁금해하는 경우가 있습니다. 그럴 때는 보통 속도로 장면을 넘기기보다 넘길 듯 말 듯 하며 최대한 다음 장면에 대한 궁금증을 유발시키는 것도 재미있습니다. 그러다가 어느 순간 획 넘겨서 보여주면 아이에게 그 장면은 오랫동안 각인됩니다. '책 읽어주기'만이 갖는 묘미입니다. 한편 아이들이 보기에 약간 지루한(비슷비슷한) 장면들이 이어져 나오는 것 같으면 이번에는 아까와 반대로 빨리빨리 넘겨도 상관없습니다.

넷째, 책을 읽어주기 전에 엄마, 아빠가 혼자서 소리 내어 읽어보는 게 필요합니다. 아이들에게 그림책을 읽어주는 건 단순히 글을 읽는다기보다 이야기를 들려주며 소통하는 행위입니다. 따라서 엄마, 아빠가 미리 혼자서 읽어보며 전체 이야기를 파악하고 아이가 좋아할 부분이나 감정을 살릴 부분, 읽는 속도를 조절해야 할 부분 등을 찾는 게 필요합니다. 아이가 이해하기 어려울 것 같은 단어가 나오면 어떻게 풀어서 설명해줄지도 생각해둡니다. 이런 준비 과정을 거치고 그림책을 읽어주면 아이는 훨씬 더 이야기에 빠져들고, 읽어주는 사람과 교감을 나눌 수 있습니다.

다섯째, 책에 적힌 글자 그대로 읽어주지 않아도 괜찮습니다. 저는 그림책의 글이 너무 딱딱하고 잘 읽히지 않으면 아이들이 듣기 편한 입말로 바꾸어 읽어주기도 합니다. 그러면 간혹 "왜 적힌 대로 안 읽어줘요?"라고 묻는 아이들이 있습니다. 이 아이들은 제가 읽어줄 때 그림은 안 보고 글만 본 겁니다. 그럴 때 저는 "좀 더 재미있게 들려주려고 그랬지. 이야기는 선생님이 들려줄 테니까, 너는 글은 보지 말고 그림만 보면 돼"라고 대답해 줍니다. 귀로는 이야기를 듣고 눈으로 그림을 보는 게 아이들이 그림책을 즐기는 가장 좋은 방법입니다.

여섯째, 표지를 충분히 즐기는 게 좋습니다. 표지는 그림책의 대표 장면, 즉 가장 중요한 장면이라고도 할 수 있습니다. 따라서 본문으로 들어가기 전에 표지만 보고 아이와 다양한 이야기를 나눠 보면 좋습니다. 표지에 등장하는 인물이나 동물이 누구인지 알아보고, 표지 그림만으로 전체 이야기를 상상해 보아도 재미있습니다. 이렇게 표지 그림만으로 즐기는 시간은 이야기로 들어가기 전 일종의 준비운동입니다. 이런 시간은 아이로 하여금 이야기에 더 흥미를 갖게 만들어줍니다. 표지 그림을 보며 이야기를 나누다가 어느 순간 아이가 "이제 빨리 봐요."라고 말하면 준비운동 끝, 이야기 시작입니다.

III.
친구와 뛰어노는 아이들

아이들끼리 『헨리에타의 첫 겨울』
………………………………………
어부바 『은지와 푹신이』
………………………………………
우리 친구하자 『푸른 개』
………………………………………
손을 꼭 잡고 『폴린』
………………………………………
너만 알고 있어 『꽃이 피는 아이』
………………………………………

🍎 더 읽어주면 좋은 그림책 3
🍎 그림책 재미있게 읽어주는 팁 ②

아이들끼리

오전에 한 유치원에서 수업을 마치고 짐을 챙기고 있는데 원장님이 부르셨습니다.

"오늘은 아이들이랑 같이 점심 드시고 가세요. 저희 유치원 밥 맛있어요. 선생님이 같이 드시면 아이들도 좋아할 거예요."

원래 그날은 근처의 단골 돈가스 식당에 갈 계획이었는데, 원장님의 권유를 거절하기도 미안하고 아이들과 같이 먹고 싶은 마음도 있어서 일곱 살 큰나무반 아이들 사이에 슬그머니 끼어 앉았습니다. 아이들 식판이 작다 보니 저는 식판 두 개에 밥과 반찬을 받았습니다.

나	친구들아, 반가워. 나도 큰나무반이야.
서연	에이, 선생님이잖아요?
나	아니야. 지금은 나도 큰나무반이야. 일곱 살이야.
민수	근데 왜 이렇게 커요?
나	그건 나도 몰라. 밥을 많이 먹어서 그런가?
민수	그래서 식판이 두 개예요?
나	당연하지. 몸이 크니까.

저는 점심을 먹으며 아이들과 즐겁게 이야기를 나눴습니다. 아이들은 제 모습이 수업할 때와 달라 보였는지 밥 한 순가락 먹고 저 한번 쳐다보고, 밥 한 순가락 먹고 저 한번 쳐다봤습니다. 저를 의식한 듯 밥도 더 잘 먹는 것 같았습니다.

"와! 큰나무반은 제일 형님반이라서 밥도 엄청 잘 먹는구나."

유치원에서 나오며 저는 돈가스 식당에 안 가고 아이들과 같이 밥 먹길 잘했다고 생각했습니다. 수업 때와는 또 다른 아이들 모습을 볼 수 있어서 좋았고, 밥 한 끼를 같이 먹고 나니 아이들과 더 친해진 느낌이 들어서 좋았습니다.

헨리에타의 첫 겨울
지은이: 롭 루이스
옮긴이: 정해왕
출판사: 비룡소

헨리에타는 아직 한 살도 안 된 들쥐입니다. (원서에도 'rodent(설치류)'라고만 나와 있어서 정확한 동물명은 모르겠지만, 생김새로는 '들쥐'가 가장 가까워 보입니다.) 엄마는 헨리에타를 낳다가 봄에 하늘나라로 가고 헨리에타만 혼자 남았습니다.

민수   헨리에타는 아빠도 없어요?

나   그러게 말이야. 아빠 얘기는 안 나왔네.

민수   다른 동물한테 잡아먹혔나 봐요.

나   그랬을 수도 있겠다. 아니면 아빠도 아파서 엄마처럼 하늘나라 갔을 수도 있어.

어느 유치원에서는 헨리에타의 아빠 이야기를 하다가 한 아이가 대뜸 이렇게 말한 적이 있습니다.
"아빠는 자살했어요?"

일곱 살 아이 입에서 '자살'이란 단어가 나와서 얼마나 깜짝 놀랐는지 모릅니다. 그만큼 '자살'이란 단어가 흔히 쓰이는 것 같아서 씁쓸하기도 했고요.

숲에는 가을이 왔습니다. 하지만 혼자 남은 헨리에타는 무얼 해야 할지 전혀 몰랐습니다. 그런 헨리에타에게 숲속 친구들은 겨울 먹을거리를 모아놓아야 한다고 알려줍니다. 그제야 헨리에타는 숲속을 돌아다니며 열심히 열매를 주워 곳간에 모아놓습니다. 하지만 곳간에 비가 새기도 하고 벌레들이 와서 먹기도 하는 바람에 다시 모아야 할 처지에 놓입니다. 날은 점점 추워지는데 말이지요. 그러자 숲속 친구들이 모두 모여 헨리에타가 열매 모으는 걸 돕습니다.

나 친구들이 도와주니까 열매를 금방 다시 모았네.
   (그림을 보며) 그런데 이게 무슨 열매들일까?

서연 빨간 건 방울토마토 같아요.

나 생긴 건 비슷한데 선생님이 보기엔 대추 같아. 호두도 있는 것 같고…. 그나저나 숲속 친구들은 정말 착하다. 자기가 먹어도 될 텐데 헨리에타를 도와주고.

민수 친구들은 이미 다 모았나 봐요.

세나 저는 다람쥐가 땅에다 도토리 숨겨놓는다는 것도 알아요.

나	그래? 다람쥐는 헨리에타처럼 곳간이 없으니까 땅에다 숨겨놓나 보다.
세나	근데 땅속에 숨겨놓고 자기가 어디에 묻어놨는지 잊어버린대요. 그래서 봄에 거기에서 싹이 튼대요.
나	선생님이 다람쥐라도 어디에 숨겨놨는지 다 기억 못할 것 같아.
민수	제가 다람쥐라면 땅 위에 돌멩이를 얹어놓을 텐데.
나	하하, 민수가 다람쥐한테 가서 알려주면 되겠다.

친구들 덕분에 열매를 금세 모은 헨리에타는 고맙고 기쁜 마음에 친구들을 집으로 불러 멋진 잔치를 합니다. 그리고 모아놓은 열매를 전부 다 먹어버립니다. 헨리에타는 왜 이리 아무 생각이 없을까요? 엄마나 아빠가 있었다면 전부 다 먹지는 말라고 알려주었을 텐데요. 뭐, 어쩔 수 없습니다. 다시 또 모으는 수밖에요. 하지만 바깥을 보니 눈이 내려 숲은 하얗게 뒤덮였고, 헨리에타는 피곤하고 졸려서 그냥 잠이 듭니다.

나	자고 일어나면 열매 찾기가 더 힘들어질 텐데 어쩌지?
세나	친구한테 빌려달라고 하면 돼요.
나	친구도 먹을 게 부족할 수도 있잖아.

서연	저는 헨리에타가 계속 잘 것 같아요.
나	선생님은 배가 고프면 잠도 잘 안 오던데.
서연	아니요. 겨울잠 잘 것 같아요. 다람쥐도 겨울잠 자거든요.
민수	맞아요. 헨리에타는 겨울잠 자요!
나	음… 어떻게 알았지? 맞아, 헨리에타는 겨울잠을 자는 동물이었대. 엄마, 아빠가 안 계셔서 몰랐던 거지.

아이들 말대로 헨리에타는 겨울잠을 잤습니다. 그리고 꽃이 활짝 핀 봄날 기지개를 켜고 일어나며 이야기는 끝납니다.

헨리에타는 한 살도 안 되어 홀로 남는 바람에 겨울잠을 비롯해 자신의 한살이에 대해 아무것도 배울 수 없었습니다. 계절마다 어떤 일이 벌어지고 자신이 무엇을 해야 하는지 전혀 몰랐습니다. 하지만 그럼에도 불구하고 헨리에타가 무사히 한 해를 넘길 수 있었던 건 스스로 해내고자 하는 힘과 친구들의 도움 덕분이었습니다.

유치원에서 함께 점심밥을 먹은 큰나무반 아이들은 일곱 살이었습니다. 앞으로 백 살까지 산다고 치면 아직 인생의 십오분의 일 정도밖에 안 산 셈입니다. 한 살 먹은 헨리에타와 비슷할지도 모르겠습니다. 그런데 제가 유치원에서 이 아이들과 밥을 먹으며 느낀 게 있습니다. 분명 같은 아이들인데 수업 시간의 모습과 밥을 먹을 때의 모습이 매우 달라 보였습니다. 저와 함께하는 수업 시간에는 마냥 까불고 장난치는 개구쟁이의 모습이었다면, 아이들끼리 함께하는 식사 시간에는 의젓하고 어른스러운 모습이었습니다. 이렇게 달라 보인 이유는 무엇이었을까요?

저는 그 답이 『헨리에타의 첫 겨울』 이야기 속에 담겨 있다고 생각합니다. 아이들은 어리다는 이유로 대부분의 시간을 어른의 보호와 지도를 받으며 지냅니다. '어른과 아이'라는 수직 관계 속에서 살아갑니다. 하지만 실제로 아이들이 성장하는 건 '아이들끼리'라는 수평 관계 속에 있을 때입니다. 헨리에타처럼 잘 몰라도 스스로 부딪쳐 보고 실수도 하고 친구들의 도움도 받으면서 말이지요. 아이들 누구나 스스로 헤쳐 나갈 힘이 있고, 친구들을 도와줄 따뜻한 마음을 갖고 있다는 걸, 한 살도 안 된 조그만 고아 들쥐 헨리에타와 숲속 친구들은 보여줍니다. 그림책의 들쥐 헨리에타나 유치원의 사람 헨리에타나 앞으로 어려운 일이 닥치더라도 스스로의 힘으로, 그리고 친구들끼리 도와가며 잘 헤쳐 나가리란 걸 믿어 의심치 않습니다. 큰나무반 아이들과 점심을 먹은 날, 저는 아이들과 이런 이야기를 나누고 헤어졌습니다.

나   선생님은 이제 가야겠다.
민수   어디 가는데요?

나　　차 타고 다른 유치원에 가서 너희 같은 친구들이랑 또 그림책도 보고 식물도 심어야 해.

서연　근데 선생님도 우리처럼 일곱 살인데 어떻게 운전해요?

나　　(당황해서) 응?! 그건….

서연　아, 선생님도 엄마가 데리러 와요?

나　　맞아, 맞아. 선생님 엄마가 데리러 올 거야. 안녕. 다음에 또 만나.

어부바

 한 달에 한 번씩 가는 어느 유치원에서는 바깥마당에서 수업을 합니다. 수업이 끝나면 아이들은 곧바로 옆에 있는 모래놀이터로 가서 노는데, 모래놀이터로 통통 뛰어가는 모습은 볼 때마다 정말 귀엽습니다.

 하루는 아이들과 함께 국화를 새 화분에 옮겨 심고, 탁구공에 벌이나 나비를 그려서 국화 옆에 놓아주었습니다. 수업이 끝나자 아이들은 늘 그랬듯 신이 나서 모래놀이터로 우르르 뛰어갔습니다. 다만 일곱 살 여자아이 윤진이만 혼자 남아 탁구공에 마저 그림을 그렸습니다. 그러고는 뒤늦게 모래놀이터로 뛰어가서 저를 불렀습니다.

윤진	선생님, 저 보세요. 저 철봉도 잘 매달려요.
나	아, 그건 '구름사다리'라고 하는 거야. 윤진이, 정말 잘한다.
윤진	선생님도 한번 해 보세요.
나	(겨우 매달리며) 선생님은 몸이 무거워서 앞으로 못 가.
윤진	(매달려서 앞으로 쑥쑥 가며) 전 이렇게 해요.

윤진이는 철봉에서 내려왔습니다.

윤진	근데 오빠는 저랑 안 놀아줘요.
나	오빠는 몇 살인데?
윤진	열다섯 살이요.
나	그래? 그럼 중학교 2학년이겠네. 윤진이랑 여덟 살이나 차이 나는구나.
윤진	저는 이제 태권도장 다녀요.
나	무슨 띠야?
윤진	하얀 띠요. 미술학원 끊고 다니는 거예요.

   윤진이는 조금 더 모래놀이터에서 뛰어놀더니 갑자기 저에게 손을 흔들며 교실로 뛰어 들어갔습니다. 저는 윤진이 뒷모습을 물끄러미 쳐다봤습니다.

아이들과 이야기를 나누다 보면 나이 차이를 못 느낄 때가 많습니다. 저는 그 이유가 '그림책'과 '식물' 덕분이라고 믿습니다. '그림책'과 '식물'은 저와 아이들 사이에 이야깃거리도 만들어주고, 아이들과 친해지도록 도와주기도 합니다. 그림책과 식물 가운데 굳이 더 손쉽게 활용할 수 있는 걸 고르라면 아무래도 그림책입니다. 그저 들고 펼쳐서 읽어주기만 하면 됩니다. 다만 조건이 있으니 어른이나 아이 어느 한쪽만 재미있는 그림책은 안 됩니다. 어른과 아이 모두 재미있어야 합니다. 『은지와 푹신이』처럼 말이지요.

은지와 푹신이
지은이: 하야시 아키코
옮긴이: 이영준
출판사: 한림출판사

푹신이는 할머니가 은지를 위해 직접 만들어준 여우 인형입니다. 은지가 갓난아기일 때부터 늘 함께한 '애착 인형'입니다. 세월이 흘러 은지가 유치원에 다닐 정도의 나이가 되자 푹신이는 낡아서 팔 부분이 터져버립니다. 그래서 은지와 푹신이는 기차를 타고 푹신이를 만들어준 할머니를 찾아가기로 합니다. 은지와 푹신이가 기차를 탈 때부터 책을 보는 아이들도 함께 여행을 시작합니다. 특히 기차가 중간 역에서 5분간 멈출 때 푹신이가 도시락을 사러 나가는데, 이때 아이들의 눈빛은 마치 그림책 속으로 빨려 들어가는 것 같습니다.

나	도시락 사는 데 줄을 엄청 선다. 푹신이가 못 탔는데 기차가 떠나면 어쩌지?
민호	아니요. 탈 것 같아요.
나	그래? 선생님은 도시락 사다가 늦을 것 같은데?
민호	이 기차 못 타면 다른 기차 타고 가면 돼요.
나	푹신이는 돈이 있을까? 다른 기차 타려면 다시 돈 내고 표를 사야 할 텐데.
민호	엄마한테 전화해서 나중에 준다고 하면 돼요.
나	그런 방법이 있구나. 선생님은 생각도 못 했어.

다행히 은지와 푹신이는 목적지 역에 잘 내립니다. 그런데 근처에 있는 모래언덕에 잠깐 들렀는데 개가 불쑥 나타나 푹신이를 물고 갑니다. 개는 도대체 푹신이를 어디로 데려갔을까요? 은지는 열심히 푹신이를 찾다가 모래 속에서 삐죽 튀어나온 무언

가를 발견합니다. 아이들의 목소리는 엄청 커집니다.

"저기 아래 푹신이가 있어요!"
"꼬리가 있다!"
"아니야. 입이야!"

모래 속에 파묻혀 있다가 나온 푹신이는 걱정스레 자신을 쳐다보는 은지에게 기운 없이 말합니다.

"괜찮아, 아무렇지도 않아."
"괜찮아, 아무렇지도 않아." (본문 31쪽, 33쪽)

아이들도 은지와 함께 가만히 푹신이, 아니 제 목소리를 듣습니다. 그리고 몇 번이고 다시 들려달라고 합니다. 저는 아이들이 됐다고 할 때까지 끊임없이 들려줍니다.

"괜찮아, 아무렇지도 않아. 괜찮아, 아무렇지도 않아. 괜찮아, 아무렇지도 않아…."

은지는 다친 푹신이를 등에 업고 모래 언덕을 내려옵니다. 이제껏 푹신이 앞에서 아기처럼 행동했던 은지가 엄마로 변신하는 순간입니다. 저는 이 장면을 보면서 아이들에게 말합니다.

"푹신이는 좋겠다. 은지가 업어줘서."

이때 슬그머니 제 뒤로 와서 등에 매달리는 아이들이 있습니다. 저에게 업히고 싶은 겁니다. 그러면 저는 아이를 업어줍니다. 업고 일어나서 몇 발자국만 걸어도 아이들은 마치 아기 때로 돌아간 것처럼 좋아합니다. 당연히 다른 아이들도 업어 달라고 줄을 서는데, 급한 일이 없으면 모두 차례로 업어줍니다. 때로는 아이들을 아기처럼 안아주기도 합니다. 에너지가 넘치는 일곱 살 남자아이들도 제가 아기를 안듯 안아주면 다시 아기가 된 듯, 가만히 저에게 몸을 맡깁니다. 친구들이 보고 있어서 창피할 수도 있을 텐데 아랑곳하지 않습니다. 그 순간 저는 은지가 되고 아이들은 푹신이가 됩니다.

하지만 『은지와 푹신이』를 다 읽어주고 나서 아이들을 바라보면 이번에는 아이들 얼굴에서 은지의 표정이 보입니다. 아이들은 은지가 푹신이를 보듯 저를 쳐다봅니다. 그러면 저는 어느새 아이들과 친구가 되어 함께 기차 여행을 하고 모래 언덕에 갔다가 할머니 집에 다녀온 느낌이 듭니다. 이 모든 게 꼬마 은지와 여우 인형 푹신이가 부리는 놀라운 마법입니다.

평일 저녁에 초등학생 남매(초4 오빠, 초3 여동생)와 엄마, 이렇게 세 명과 함께 가정에서 수업한 적이 있습니다. 아이들은 함께 그림책을 볼 때도 식물을 심을 때도 정말 즐거워했는데, 금세 마지막 네 번째 시간이 되었습니다.

나	너희는 이제까지 심은 식물들 모두 잘 키울 수 있을 거야. 식물들은 좋은 친구 만나서 좋겠다.
오빠	(갑자기 진지한 표정을 지으며) 저는 선생님이 좋아요. 이 수업을 영원히 하고 싶어요.
나	(감동한 표정으로) 영원히? 그런 말을 들으니까 선생님은 무지무지 기분이 좋은데! 그럼 나중에 선생님이 할아버지 되어도 선생님이랑 수업할 거야?
오빠	네!
나	그때는 너도 어른이 되어서 별로 재미없을걸.
오빠	아니에요. 할 거예요.
나	고마워.

푹신이는 세월이 흘러 은지가 할머니가 되어도 언제까지나 함께 있겠지요. 저 또한 언제까지나 아이들과 함께 그림책도 보고 식물도 심고 싶습니다. 음…, 이 푹신이는 낡았다고 아이들이 싫어하려나요.

우리 친구하자

유치원 6, 7세 아이들과 학급 수업으로 안개꽃 꽃꽂이를 할 때입니다. 꽃꽂이를 하기 전에 그림책 『우리 친구하자』를 읽어주었습니다. 그림책 속에서 아름이는 멀리서 이사를 와 모든 게 낯설고 심심합니다. 그런데 아름이와 친해지고 싶은 한 아이가 아름이 집 우편함에 하루는 제비꽃을 하루는 민들레꽃을 넣고 재빨리 도망칩니다. 아름이는 제비꽃과 민들레꽃을 보며 누가 이 꽃들을 선물했는지 궁금해하다가, 마침내 그 친구와 만나 자전거를 타고 들판으로 놀러 나갑니다.

그림책을 읽고 나서 저는 아이들에게 '열'을 셀 동안 눈을 감고 있으라 했습니다. 그리고 스무 명 남짓 되는 아이들 앞에 차례로 안개꽃을 떨어뜨렸습니다. 아름이에게 몰래 꽃을 주고 간 친구 흉내를 낸 겁니다. 자기 앞에 뭔가 툭 떨어지니 아이들은 보고 싶어 눈을 움찔거렸지만 그래도 제가 '열'을 셀 때까지 잘 참았습니다. 잠시 후 눈을 뜬 아이들에게 저는 이렇게 말했습니다.

"우리 친구하자."

그러자 여기저기에서 아이들이 물었습니다.

"선생님이 우리한테 꽃 선물 한 거예요?"
"어른이랑 어떻게 친구를 해요."
"선생님은 아이가 아니잖아요."
"근데 이거 무슨 꽃이에요?"

이날 저는 아이들과 함께 노랑, 파랑, 분홍색으로 물들인 안개꽃을 플로랄폼에 꽂기도 하고 끈으로 묶기도 하며 신나게 놀았습니다. 수업을 마치고 짐을 챙겨 주차장으로 가는데, 방금 전까지 함께 수업했던 일곱 살 여자아이들 몇 명이 모래놀이터에서 놀다가 저를 보고 뛰어왔습니다.

정연	선생님, 정말로 저희랑 친구할 거예요?
나	응. 선생님은 너희랑 친구하고 싶어.
정연	그럼, '야!'라고 불러도 돼요?
나	당연하지. 지금 불러 봐.
정연	(약간 멈칫하더니 큰소리로) 야!
나	응, 왜 나 불렀니?
정연	야, 친구야! 그럼 우리 놀이터 가서 같이 놀자.
나	안 돼. 나는 다른 친구들 만나러 가야 하거든.
정연	에이, 같이 놀고 싶은데….
	(놀이터로 뛰어가며) 선생님, 다음에 또 봐요.

상대방이 마음만 연다면 아이들은 누구와도 친구가 될 수 있다는 걸 저는 아이들과 만날 때마다 느낍니다. 아이들이 그림책 『푸른 개』를 좋아하는 이유도 그래서일지 모르겠습니다.

푸른 개
지은이: 나자
옮긴이: 최윤정
출판사: 주니어파랑새

나	얘들아, 여기 좀 봐! 털이 파란색이야. 파란색 털을 가진 개가 정말 있을까?
세찬	있어요.
나	정말? 선생님은 한번도 본 적이 없는데.
현호	염색하면 돼요.
나	그럼, 이 개 눈동자 좀 봐. 무슨 색이니?
세찬	초록색이요.
나	초록색 눈동자를 가진 개가 진짜로 있을까?
세찬, 현호	….
나	(아는 체하며) 렌즈를 끼면 되지. 근데 개가 렌즈를 꼈을 리는 없을 텐데….

여자아이 샤를로또는 어느 날 집 앞 계단에 앉아 있다가 푸른 털에 초록 눈을 가진 커다란 개를 만납니다. 자기보다 훨씬 덩치가 크지만 샤를로또는 전혀 무서워하지 않고 '푸른 개'라고 부르기 시작합니다. 그날 이후 푸른 개는 샤를로또와 친구가 되어 매일 밤 샤를로또의 방에 찾아옵니다. 하지만 이 사실을 안 엄마는 누구네 개인지도 알 수 없고, 병에 걸렸을지도 모르고, 물리면 큰일이니 놀지 말라고 합니다. 샤를로또는 슬프지만 어쩔 수 없이 더 이상 푸른 개와 만나지 않습니다. 그러던 어느 날 샤를로또가

숲속에서 산딸기를 따다가 길을 잃자 푸른 개가 냄새를 맡고 찾아옵니다. 그러고는 오늘은 늦었으니 내일 아침에 집에 데려다주겠다고 합니다. 아이들은 길을 잃은 샤를로또가 푸른 개를 다시 만나는 이 장면을 참 좋아합니다. 그리고 이런 대화를 자주 나눕니다.

경은   개가 어떻게 말을 해요?

나   푸른 개가 매일 밤 샤를로또 방에 놀러왔을 때도 이야기를 하면서 놀았잖아. 아마 푸른 개는 사람과 이야기를 나눌 수 있는 마법의 개인가 봐.

주연   우리 집 개도 말할 수 있어요.

나   정말?!

주연   저랑 막 이야기해요.

영서   우리 집 개는 제가 하는 말 다 알아들어요. 눈치가 엄청 빠르거든요.

굳이 마법 없이도 개와 사람이 이야기 나눌 수 있다는 사실을 반려동물을 키워 본 사람은 다 압니다. 마음이 통하는 대화에 반드시 '인간의 언어'가 필요한 건 아니니까요. 반려동물뿐만 아니라 집에서 키우는 식물도 사람과 친해지면 충분히 이야기를 나눌 수 있다고 저는 믿습니다.

밤중에 숲의 유령으로부터 위협을 받기는 했지만, 샤를로또는 푸른 개 덕분에 잠도 푹 자고 다음 날 아침 별 탈 없이 푸른 개의 등에 타고 집으로 돌아옵니다. 엄마, 아빠는 당연히 푸른 개에게 고마워하며 집에서 함께 살도록 합니다. 분명 엄마, 아빠도 얼마 후 푸른 개와 친구가 되었을 겁니다. 그나저나 푸른 개의 등에 탄 느낌은 어떨까요? 유치원에서 인원이 몇 명 안 되는 수업이라면 제가 기꺼이 푸른 개가 되어줍니다. 아이들은 줄을 서서 엎드려 있는 제 등에 한 명씩 올라탑니다.

나   '푸른 개야, 나 집에 데려다줘!'라고 해야지.

주연   (약간 떨리는 목소리로) 푸른 개야, 나 집에 데려다줘!

나   네 집은 어디니?

주연   음… (손가락으로 장난감 있는 곳을 가리키며) 저기.

나   알았어. 그럼 떨어지지 않게 나를 꼭 붙잡아. 집에 데려다줄게.

제 옷을 꽉 붙잡은 아이의 손힘을 느끼며 저는 아이를 집까지 친절히 데려다줍니다. 푸른 개의 등에서 내려온 아이는 또 한번 타려고 재빨리 다시 줄을 서지요. 이렇게 여러 아이를 등에 태우고 교실을 몇 바퀴 돌면 힘든 게 사실이지만, 푸른 개처럼 아이와 친구가 된 것 같아 기분이 좋습니다.

어른이 아이와 친구가 될 수 있는 확률은 동식물이 아이와 친구가 될 수 있는 확률보다 훨씬 낮다고 생각합니다. 친구가 되려면 자신의 진짜 마음을 보여주고 상대방과 눈높이를 맞춰야 하는데, 아이 시절의 기억을 다 잊어버린 어른에게 그건 매우 힘든 일이기 때문입니다. 그래서 저는 안개꽃 수업을 했을 때 자신과 친구할 거냐고 물으며 먼저 손을 내밀어준 일곱 살 여자아이들이 정말 고맙습니다. 일주일이 지나 그 유치원에 다시 갔을 때 아이들은 여전히 저를 반겨주고 친구처럼 대해주었습니다. 저에게 매달리면서 "그린핑거 선생님! 그린핑거 선생님!" 외쳤습니다. 50대 중반 아저씨에게는 분에 넘치는 영광입니다.

손을 꼭 잡고

초등학교 1~4학년 아이들 일곱 명과 함께 수업을 했습니다. 10회로 예정된 수업 가운데 9회 때의 일입니다.

"선생님, 제 실내화가 없어졌어요."

수업을 시작하고 얼마 안 지나 초등학교 2학년 여자아이 소정이가 울상을 지으며 말했습니다. 소정이는 늘 주의를 주어도 교실에 들어오자마자 실내화를 휙 벗어던졌습니다. 그래서 실내화한 짝은 교실 이쪽, 다른 한 짝은 교실 저쪽에서 뒹굴었습니다. 그런데 이날은 수업 시작할 때 분명 교실 구석에서 보이던 실내화가 어느 순간 안 보였습니다. 아이들과 아무리 찾아봐도 소용이 없었습니다. 결국 소정이가 '내 실내화, 내 실내화'라고 중얼거리며 울음을 터뜨리기 일보 직전이 되었습니다. 그러자 그제야 상황이 심각하단 걸 깨달은 1학년 여자아이 은지가 당황한 표정으로 저에게 귓속말을 했습니다.

"사실은 제가 화장실에 숨겼어요. 가져올게요."

은지가 급히 화장실로 뛰어가 실내화를 가져왔지만 그 사이에 소정이는 울기 시작했고, 울음소리는 점점 커져 거의 통곡하는 수준이 되었습니다. 저는 이 상황을 어떻게 정리하면 좋을지 몰라 당황하고 있었는데, 뜻밖의 일이 벌어졌습니다. 이제껏 여덟 번을 수업하는 동안 한번도 함께 어울리지 않던 일곱 명의 아이들이 소정이의 기분이 나아지도록 도와주기 시작했습니다. 자신이 스티로폼 공으로 만든 눈사람을 소정이에게 주는 1학년 여자아이, 소정이 옆에서 토닥토닥 등을 두드리며 달래주는 2학년 여자아이, 썰렁한 분위기를 좋게 만들려고 뜬금없는 농담을 하는 4학년 남자아이 등, 제가 시키지도 않았는데 아이들은 소정

손을 꼭 잡고

이를 웃게 만들었습니다.

소정이는 비록 눈은 퉁퉁 부었지만 환하게 웃으며 수업을 마쳤습니다. 저는 이제껏 이 아이들과 수업을 하며 늘 산만하고 겉도는 분위기가 마음에 안 들었습니다. 그리고 그 이유가 여러 학년(1~4학년)이 섞여 있는 데다가 같은 학년 아이들끼리도 친하지 않은 탓이라 믿었습니다. 하지만 이날 아이들의 모습을 보면서 문제는 아이들이 아니라 저에게 있다는 사실을 깨달았습니다. 처음부터 아이들은 함께할 마음의 준비가 되어 있었고, 저만 그걸 알아차리지 못한 겁니다.

폴린
지은이: 게오르그 할렌슬레벤
옮긴이: 최순희
출판사: 시공주니어

커다란 나무의 높은 곳에 족제비 가족이 집을 짓고 살고 있습니다. 식구는 아빠, 엄마, 딸 폴린, 이렇게 셋입니다.

나 　 폴린 집에는 세 명이 살지? 선생님 집에는 네 명이 살아. 선

	생님이 집에서는 아빠이고, 엄마가 있고, 형(혹은 오빠)이 두 명 있어. 이제는 어른이 되었지만.
주헌	저희 집은 세 명이에요. 엄마, 아빠랑 저요.
나	너는 외동이구나?
시원	외동이 뭐예요?
나	혼자라는 뜻이야. 폴린도 혼자니까 외동이지.
재용	저도 외동이에요.
시원	저는 남동생 있어요.
나	그럼 너는 형제.

　태어나서 줄곧 나무 위에서만 생활하던 폴린은 드디어 엄마, 아빠의 허락을 받고 혼자 땅에 내려옵니다. 그리고 우연히 만난 새끼 코끼리 '라부시우스'와 단짝이 되어 하루하루 즐겁게 놉니다. 그러던 어느 날, 정글에 코끼리 사냥꾼들이 나타나 라부시우스를 잡아갑니다. 폴린은 바로 옆에 있었지만 아무것도 할 수 없었습니다.

나	어떻게 하면 라부시우스를 구할 수 있을까?
시원	사냥꾼들이랑 싸워요.
나	사냥꾼들은 힘도 세고 총도 있어. 잘못하면 폴린도 잡혀갈

걸?

재용 라부시우스 엄마, 아빠를 불러요.

나 그래도 되겠다. 라부시우스 엄마, 아빠는 덩치도 훨씬 크고 힘도 셀 테니까. 하지만 부르러 간 사이에 벌써 라부시우스는 잡혀갔을 거야.

재용 그런데 왜 라부시우스를 잡아가요?

나 동물원에 데려가려고 그러나 봐. 라부시우스를 어떻게 구하지?

폴린은 엄마, 아빠의 도움을 받아 깃털과 물감, 하얀 가면으로 괴물 분장을 합니다. 그리고 재빨리 라부시우스를 잡아가는 트럭을 쫓아가 사냥꾼들을 깜짝 놀라게 하고는, 사냥꾼들이 도망간 틈에 친구 라부시우스를 구합니다. 폴린은 비록 조그만 새끼 족제비였지만, 친구를 구하려는 마음이 정말 컸기 때문에 무서운 사냥꾼들도 겁내지 않고 라부시우스를 구할 수 있었습니다. 그날 폴린과 라부시우스의 모험담은 금세 숲속 전체에 퍼졌습니다. 폴린과 라부시우스 가족을 비롯해 숲속의 많은 동물이 한자리에 모였고, 모두 폴린과 같은 괴물 분장을 한 채 밤새도록 놀며 이야기는 끝을 맺습니다.

남자아이 민호와 여자아이 은서는 여섯 살입니다. 저는 민호,

은서가 다섯 살 때도 함께 수업을 했는데, 그때는 아기 같던 아이들이 여섯 살이 되니 제법 의젓해져 있었습니다. 하지만 대개 남자아이들은 여자아이들보다 아기 티를 벗는 데 시간이 좀 더 걸립니다. 화분에 식물을 심고 뿌리가 잘 덮이도록 흙을 넣는데, 민호가 자꾸만 흙을 흘렸습니다.

나	민호야, 흙삽으로 조금씩만 퍼서 화분에 넣으면 흙을 덜 흘릴 수 있어.
민호	(여전히 흙을 흘리며) 이렇게요?
은서	민호야, 너 옷에도 흙 묻었잖아. 내가 털어줄게.

은서는 민호 옷에 묻은 흙을 탁탁 털어주었고, 민호는 그런 은서를 가만히 보고 있었습니다. 잠시 후 수업이 끝나고 교실로 돌아갈 시간이 되었습니다.

은서	(민호에게 손을 내밀며) 자, 이제 가자.
민호	(은서 손을 잡으며) 그래.

손을 꼭 잡고 교실로 뛰어가는 민호와 은서의 뒷모습을 보고 있으니 정말 사이좋은 친구라는 게 느껴졌습니다. 여러분에게는

어떤 친구가 있나요? 2학년 여자아이와 4학년 남자아이도 친구가 될 수 있고, 조그만 족제비와 커다란 코끼리도 친구가 될 수 있습니다. 저에게는 집 안의 고무나무 한 그루도, 아침마다 창가에 와서 짹짹거리는 참새들도 모두 친구입니다. 이렇듯 살아 있는 모든 생명체와 다 친구가 될 수 있다고 생각하면 왠지 세상이 달라 보입니다.

너만 알고 있어

초등학교 6학년 아이들 네 명과 수업을 했습니다. 규리, 선하, 연수는 여자아이였고, 남자아이는 민호뿐이었습니다. 총 10회 수업 가운데 3회까지는 규리, 선하, 민호, 이렇게 세 명과 수업을 했고, 연수는 개인 사정상 4회부터 참가하기로 했습니다. 세 명과 함께 3회까지 수업을 하며 규리와 선하가 매우 친하다는 걸 알 수 있었습니다. 둘은 옆자리에 붙어 앉아서 흙이나 돌멩이 같은 재료도 나눠 쓰고, 서로 귓속말도 주고받으며 뭐가 그리 좋은지 웃음이 끊이질 않았습니다. 그래서 저는 규리와 선하보다는 민호에게 좀 더 신경을 쓰며 수업을 해나갔습니다. 수업 내내 즐겁고 편안한 분위기였습니다.

드디어 4회 수업 때 연수가 참가했습니다. 그런데 규리와 단짝이던 선하가 웬일인지 규리보다 연수 쪽으로 고개를 돌리고 이야기 나누는 시간이 길어졌습니다. 규리는 선하의 이런 태도를 못마땅해하는 듯이 보였습니다. 선하가 말을 걸어도 대답도 짧게 하고 표정도 굳어 있었습니다. 저 또한 썰렁해진 분위기를 눈치채다 보니 민호보다 규리, 선하, 연수에게로 자꾸 눈길이 갔습니다. 그러다가 일주일이 지나 5회 수업 때, 꽃꽂이를 하며 규리와 선하 사이에 이런 대화가 오가는 걸 들었습니다.

선하   규리야, 너 남는 꽃 좀 줄래?
규리   (선하를 쳐다보지도 않은 채) 싫은데. 나 다 써야 돼.
선하   (약간 황당한 표정을 지으며) 그래? 알았어.
규리   ….
선하   ….

3회 수업 때까지 규리와 선하의 관계라면 상상도 못할 상황이었습니다. 규리는 선하가 자기보다 연수와 더 친하게 지내는 것 같아 삐진 게 틀림없었습니다. 그렇다고 제가 아이들 사이에 끼어들어 관계를 정리해줄 수도 없는 일이지

친구와 뛰어노는 아이들

요. 결국 저는 모른 체했고 수업은 그렇게 찜찜한 채로 끝나는 듯했습니다.

5회 수업이 끝나고 저는 담당 선생님에게 전해 받은 간식 봉투를 아이들에게 하나씩 나누어 주었습니다. 간식 봉투에는 아이들이 좋아하는 과자가 여러 가지 들어 있어서 아이들이 매우 좋아합니다. 그런데 선하가 갑자기 자신의 간식 봉투를 열더니 이것저것 꺼내어 규리에게 주었습니다.

선하 규리야, 이거 할아버지 갖다 드려.

규리 (약간 당황한 듯했지만 금세 환한 표정을 지으며) 고마워. 선하야.

선하 (밝은 표정으로) 내일 학교에서 보자.

규리 (밝은 표정으로) 그래.

그 다음 6회 수업 때부터 규리와 선하는 처음처럼 다시 사이가 좋아졌습니다. 연수도 규리, 선하와 함께 사이좋게 잘 지냈고요. 지금도 저는 그 상황에서 제가 끼어들지 않은 게 정말 잘한 일이라고 생각합니다. 어설프게 끼어들었다가 오히려 더 난처한 상황만 만들었을 겁니다.

꽃이 피는 아이
지은이: 엔 보이토비치
그린이: 스티브 애덤스
옮긴이: 왕인애
출판사: 느림보

그림책 『꽃이 피는 아이』의 남자아이 링크에게는 특별한 능력이 있습니다. 보름달이 뜨면 몸에서 꽃이 피어납니다. 이 정도로 몸에 이상한 일이 일어나면 자신의 정체성이 고민될 법도 하지만, 링크는 별 탈 없이 잘 지냅니다. 링크의 엄마가 아들의 그런 모습을 아무렇지도 않게 여기기 때문입니다. 온몸에 꽃이 핀 다음 날 아침, 엄마는 링크 몸에 핀 꽃들을 잘라서 링크가 학교 갈 때 들려 보냅니다. 이런 엄마의 지지 덕분에 링크는 그럭저럭 학교에 잘 다니지만, 안타깝게도 학교에서는 투명인간 취급을 받습니다. 조용하고 부끄럼을 많이 타는 데다가, 링크네 식구들이 뱀을 키우거나 마법을 부리는 사람들이라고 소문이 났기 때문입니다.

그러던 어느 날, 링크 반에 앤젤리나라는 여자아이가 전학을 옵니다. 댄스 교실 집 딸인 앤젤리나는 예의 바르고 예쁘고 똑똑해서 아이들에게 인기가 많습니다. 링크와 정반대이지요. 그런데 앤젤리나는 오른쪽 다리가 왼쪽 다리보다 조금 짧고, 오른쪽 귀에는 항상 꽃 한 송이가 꽂혀 있습니다. 링크는 처음 본 순간부터 앤젤리나가 좋았습니다.

어느 목요일 수업 시간에 선생님은 토요일 밤에 교회 강당에서 댄스 대회가 열린다고 알려줍니다. 안 그래도 인기가 많은 앤젤리나는 아이들의 관심을 더 많이 받습니다. 그런데 그 시간 링크는 수업 중에 교실 바깥으로 슬그머니 빠져나갑니다.

지훈	링크가 자기 마음대로 바깥에 나갔는데 왜 선생님이 가만히 있어요?
나	선생님이 링크를 못 봤나 봐.
지훈	친구들도 못 봤어요?
나	친구들은 링크에게 별 관심이 없으니까 봐도 가만히 있었을 거야. 앤젤리나만 링크가 나가는 걸 보고 슬펐대. 왜 그런 기분이 들었을까?

이 질문에 유치원이나 초등학교 저학년 아이들은 금세 답을 못하지만, 초등학교 고학년, 특히 여자아이들은 큰소리로 자신 있게 대답합니다.

"사랑하니까요!"

목요일 오후에 학교를 땡땡이친 링크는 과감히 금요일에도 학교를 빼먹습니다. 그리고 링크 삼촌의 반려동물 뱀이 벗은 허물로 하루 종일 구두를 만듭니다. 그런데 링크가 만든 구두는 특이하게 굽 높이가 다릅니다. 오른쪽이 왼쪽보다 조금 높습니다. 누구를 위해 만든 구두인지 알겠지요? 링크는 앤젤리나가 이 구두를 신고 똑바로 서서 춤추는 모습을 상상합니다. 그랬더니 보름달이 뜨지도 않았는데, 머리 위에 분홍빛 장미가 활짝 피어납니다. 링크는 앤젤리나의 집에 찾아가 구두를 선물하고, 앤젤리나는 링크가 만든 구두를 신고 태어나서 처음으로 똑바로 섭니다. 둘은 함께 댄스 대회에 나갑니다.

댄스 대회가 끝난 날 밤, 보름달이 뜨자 링크는 자신이 '꽃이 피는 아이'라는 사실을 앤젤리나에게 고백합니다. 그랬더니 앤젤리나 또한 자신의 비밀을 링크에게 고백합니다. 자신 또한 '꽃이 피는 아이'라는 것을요. 링크가 보름달이 뜬 날 밤 온몸에서 꽃이 피어났다면, 앤젤리나는 매일 오른쪽 귀 뒤에서 꽃이 피어났던 겁니다. 둘은 서로의 비밀을 공유하면서 더욱 친해집니다. 진정한 비밀은 자기 혼자만 알고 있을 때가 아니라, '너만 알고 있어.'라는 말과 함께 완성된다는 걸 알 수 있습니다.

말을 안 해서 그렇지 아이들 모두 자신만의 비밀을 갖고 있습니다. 그 비밀은 콤플렉스일 수도 있고 걱정거리일 수도 있습니다. 하지만 링크와 앤젤리나가 그랬듯이 아이들 또한 마음에 맞는 친구와 그 비밀을 나누며 씩씩하게 살아갑니다.

대개 수업이 한두 번 정도 남았을 때 저는 아이들에게 특별히 하고 싶은 활동이 있는지 물어봅니다. 이때 아이들 입에서 가장 많이 나오는 단어는 '벌레잡이식물'과 '장미', 그리고 '곤충'입니다. 이 가운데 곤충은 제가 준비하기 어려운 재료이므로 그 자리에서 힘들겠다고 말해줍니다. 규리, 선하, 연수, 민호와도 9회 수업을 마친 다음, 마지막 10회 때 하고 싶은 활동을 물어봤습니다. 그랬더니 민호가 곤충을 키우고 싶다고 말했습니다.

민호   저는 장수풍뎅이 키워 보고 싶어요.

나   그래? 전에 키워 본 적 없었어?

민호   한 번 있었어요. 근데 앞으로 키우더라도 쌍으로는 싫어요.

나   왜? 장수풍뎅이도 두 마리가 함께 있어야 덜 외로울 텐데.

민호   제가 여친이 없어서 장수풍뎅이가 쌍으로 있으면 짜증 날 것 같아요.

나   정말? 민호한테 빨리 여친이 생기면 좋겠다.

'이성 친구'는 십 년 전이건 지금이건 아이들이 끊임없이 관심을 갖는 이야깃거리입니다. 민호와 이야기를 나누고 나서는 연수와 이런 이야기도 나눴습니다.

연수	저는 남친이랑 5년 사귀다가 헤어졌어요.
나	응? 연수가 지금 6학년이잖아. 그럼 언제부터 사귄 거야?
연수	2학년 때부터요. 근데 왜 헤어졌냐면요. 어쩌고저쩌고….
나	아, 그랬구나. 슬펐겠다.

외로움은 어른들보다 아이들에게 더 자주 찾아오는지도 모르겠습니다. 그래서 아이들에게는 꼭 친구가 필요합니다. 저와 만나는 아이들 모두 동성이든 이성이든 마음에 드는 친구를 만나면 좋겠습니다. 그리고 서로에게 '너만 알고 있어'라고 속삭이며 자신의 비밀을 털어놓을 수 있으면 좋겠습니다. 특히 민호와 연수에게 그런 친구가 꼭 생기길 바라봅니다.

더 읽어주면 좋은 그림책 3

어린 시절에 친구만큼 소중한 존재는 없습니다. 가족에게 하지 못할 말도 친구에게는 할 수 있으며, 가족이 이해하지 못할 일도 친구는 이해할 수 있습니다. 그래서 아이들은 행여 친구 사이에 문제가 생기면 매우 힘들어합니다. 하지만 이런 과정들을 거치며 비로소 아이들은 성장합니다. 사회에 한 발짝 더 내디디며 좀 더 많은 사람과 만날 수 있는 용기와 자신감을 얻습니다.

🍏 『큰 늑대 작은 늑대』 (나딘 부룅코슙 글, 올리비에 탈레크 그림/시공주니어)
큰 늑대는 친구를 잘 못 사귑니다. 하지만 용기를 내어 다가가니 작은 늑대와 친구가 되었습니다.

🍏 『아씨방 일곱 동무』 (이영경 지음/비룡소)
일곱 동무는 시끄럽게 다툴 때도 있지만, 금세 다시 언제 그랬냐는 듯이 깔깔거리며 사이좋게 놉니다. 아이들 모습 그대로입니다.

🍏 『내 귀는 짝짝이』 (히도 반 헤네흐텐 지음/웅진주니어)
토끼 리키는 자신의 귀가 짝짝이라서 괴로워합니다. 하지만 친구들은 오히려 리키의 짝짝이 귀를 좋아합니다.

🍏 『황소 아저씨』 (권정생 글, 정승각 그림/길벗어린이)
황소는 배고픈 생쥐들에게 먹이를 주고, 생쥐들은 외로운 황소에게 기쁨을 주었습니다. 황소와 생쥐들은 친구가 되었습니다.

🍏 『메리와 생쥐』 (비버리 도노프리오 글, 바바라 매클린톡 그림/베틀북)
메리와 생쥐는 한집에 사는 친구이지만, 식구들은 아무도 그 사실을 모릅니다. 둘은 '비밀 친구'입니다.

🍏 『안젤로』 (데이비드 맥컬레이 지음/북뱅크)
외로운 할아버지와 병든 비둘기는 서로의 부족한 부분을 채워주며, 둘도 없는 친구가 되어 갑니다.

🍏 『세 친구』 (헬메 하이네 지음/시공주니어)
한 농장에 사는 돼지와 닭, 쥐는 친구입니다. 세 친구는 함께 여기저기 돌아다니며 즐겁게 놉니다. 함께 있는 것만으로 신이 납니다.

🍏 『도둑맞은 토끼』 (클로드 부종 지음/비룡소)
여우와 토끼는 원래 먹이사슬 관계입니다. 하지만 둘은 고정관념을 떨쳐버립니다. 그리고 세상에 둘도 없는 친구가 됩니다.

🍏 『펠리컨』 (브라이언 와일드 스미스 지음/시공주니어)
폴은 펠리컨과 오랜 시간을 함께 지내며 친구가 되지만, 어느 날 펠리컨을 떠나보냅니다. 그래도 둘은 영원히 친구입니다.

🍏 『친구랑 싸웠어!』 (이토 히데오 그림, 시바타 아이코 글/시공주니어)
두 아이는 싸웠지만 한 명이 사과를 하며 화해했습니다. 하지만 언제인가 또 싸울 겁니다. 친구니까요.

그림책을 재미있게 읽어주는 팁 ②

'어떤 그림책을 읽어주어야 할까?'는 '아이들에게 좋은 그림책이란?'의 또 다른 표현이기도 합니다. 아스트리드 린드그렌(Astrid Lindgren, 1906~2002)은 언제인가 자신이 쓴 책 한 권을 사람들에게 읽어줄 기회가 있었는데, 단 한 명의 웃음소리만 들렸다고 합니다. 웃음소리의 주인공은 어른들 틈에 있던 아이였습니다. 린드그렌은 수많은 어른 대신 아이만 자신의 이야기를 이해하고 웃은 것을 매우 기뻐했다고 합니다. 저는 아이들에게 좋은 그림책의 가장 큰 조건, 아니 유일한 조건은 '아이가 이해하고 웃을 수 있는 그림책'이라고 생각합니다.

아스트리드 린드그렌은 어린이 책 작가들에게도 이런 말을 남겼습니다. "가능하다면 어른들은 전혀 재미없어하지만 오직 아이들만 재미있어하는 것을 쓰십시오. 또한 가능하다면 아이와 어른이 다 같이 재미있어하는 것을 쓰십시오." 저 또한 아이들에게 읽어줄 그림책을 읽어줄 때 대략 네 가지 정도의 원칙을 정하고 거기에 맞는 그림책을 고르고 있습니다.

첫째, 혼자 읽을 때 아이들의 얼굴이 떠오르는 그림책을 고릅니다. 아이에게 읽어주기 전에 혼자 그림책을 소리 내어 읽다 보면 아이들에게 빨리 읽어주고 싶어지는 그림책이 있습니다. 등장인물의 생김새나 행동이 우리 곁의 아이들과 똑같은 그림책입니다. 이런 그림책을 발견하면 저는 아이들에게 읽어줄 생각에 늘 가슴이 두근거립니다.

눈을 반짝이며 그림책을 쳐다볼 아이들의 모습이 떠오르고, 아이들이 과연 무슨 말을 할지도 궁금해집니다. 실제로도 이런 그림책을 읽어줄 때 아이들은 매 장면마다 하고 싶은 이야기가 넘쳐나서 한 권을 다 읽어주기까지 꽤나 긴 시간이 걸립니다. 특히 책을 덮고 나서 느껴지는 만족감은 그 자리에 있던 모두를 하나로 만들어줍니다.

둘째, 목적이나 교훈을 강조하지 않는 그림책을 고릅니다. '인성 발달 그림책', '창의력이 자라는 그림책' 등의 부제가 달렸거나, 이야기 속에 노골적으로 교훈이 들어간 그림책이 있습니다. 물론 이런 그림책들이 다 좋지 않은 건 아닙니다. 하지만 그림책은 아이들이 그냥 즐기는 것만으로도 충분합니다. 좋은 그림책이라면 굳이 교훈이나 목적을 드러내지 않더라도 아이들 스스로 이야기 속에서 자신이 배울 점을 찾아냅니다. 아이들에게 읽어주기 전에 혼자서 몇 번이고 소리 내어 읽다보면 그 그림책의 정체를 알 수 있습니다. 아이들 또한 무언가 가르치려는 의도가 조금이라도 보이는 그림책은 금세 알아차리고 흥미를 잃습니다. 아이 뒤에 숨어 있는 어른이 독자가 아니라, 오로지 아이가 독자인 그림책이 좋은 그림책입니다.

셋째, 그림이 아름다운 그림책을 고릅니다. 그림책은 이름 그대로 '그림'이 주인공인 책입니다. 따라서 그림이 아름다운 그림책을 만난 아이들은 굳이 글을 읽어주지 않더라도 자연스럽게 '그림이 전하는 이야기'를 받아들입니다. 아름다운 그림은 그림만으로도 이야기하기 때문입니다. 그렇다면 그림이 아름다운 그림책은 어떻게 고를까요? 우선 나온 지 오래되었지만 여전히 읽히며 고전으로 평가받는 그림책을 고르는 게 가장 좋습니다. 만약 어느 그림책이 고전인지 잘 모르겠다면, '칼데콧 상'처럼 외국의 저명한 그림책 상을 받은 작품들을 찾는 것도 방법 가운데 하나입니다. 그렇게 해서 한 권 두 권 고전 그림책을 보다 보면 왜 이 그림책이 고전으로 평가받고, 왜 오랫동안 읽히는지 알 수 있습니다. 자연스레 그림책 보는 눈이 높아집니다.

넷째, 쉬운 단어, 읽기 쉬운 문장으로 된 그림책을 고릅니다. 그림책은 기본적으로 '어른이 아이에게 읽어주는 책'

입니다. 따라서 가장 중요한 역할은 어른과 아이가 교감하도록 하는 것입니다. 때로는 너무 어려운 단어가 들어가거나 한 문장이 너무 긴 그림책도 있습니다. 물론 새로운 단어를 알려주거나 문해력을 키우는 것도 그림책을 읽어주는 목적이 될 수 있습니다. 하지만 자칫 잘못하다간 아이가 그림책 보는 시간을 공부하는 시간으로 생각할 수도 있습니다. 그러면 그림책 자체에 흥미를 잃을 수도 있으므로 조심해야 합니다. 좋은 그림책은 쉽게 읽히고 쉽게 이해됩니다. 어른과 아이를 모두 즐겁고 행복하게 만들어 줍니다.

IV.
맘껏 상상하는 아이들

선생님도 할 수 있어요 『라치와 사자』

마법 깔개 『마법 침대』

무서운 이야기 『여우 누이』

나만의 개구리알 『개미나라에 간 루카스』

이상한 두 어른 『마법의 저녁식사』

🍎 더 읽어주면 좋은 그림책 4
🍎 그림책 재미있게 읽어주는 팁 ③

선생님도 할 수 있어요

유치원에서 다섯 살 아이 두 명, 여섯 살 아이 두 명, 이렇게 네 명과 함께 매주 수업을 했습니다. 하루는 시작 시간이 되었는데도 여섯 살 아이들이 오지 않아 다섯 살 아이 두 명과 놀고 있기로 했습니다. 두 아이는 교실 한쪽에서 훌라후프를 가져오더니 허리에 대고 열심히 돌렸습니다. 하지만 훌라후프가 너무 가볍고 여기저기 꺾여 있어서, 아이들은 훌라후프를 한 바퀴도 못 돌리고 툭 떨어뜨렸습니다. 그래도 아이들은 포기하지 않고 계속 도전했습니다. 저에게도 같이하자고 했습니다.

나	아무래도 이 훌라후프는 선생님한테 너무 작은 것 같아.
연호	힘차게 돌리면 돼요.
나	그래?
민아	떨어지지 않게 계속 돌려야 돼요.
나	알았어, 한번 해볼게.

저는 아이들과 함께 힘차게 허리를 돌렸지만 훌라후프는 금세 바닥에 툭 떨어지고 말았습니다. 몇 번을 해봐도 마찬가지였습니다.

나	아무래도 선생님은 안되겠어. 금방 떨어져.
연호	아니에요. 선생님도 할 수 있어요.
민아	맞아요. 훌라후프 파이팅! 선생님 파이팅!

다섯 살 아이들이 응원까지 해주니 포기할 수 없었습니다. 하지만 아무래도 저에겐 무리였나 봅니다. 결국 한 바퀴도 못 돌리고 있다가 여섯 살 아이들이 뛰어오는 바람에 도전을 멈추고 말았습니다.

동화 『학교에 간 사자』에는 '베티 스몰'이라는 여자아이가 나옵니다. 베티 스몰은 이름에도 '스몰'이 들어갔듯 덩치가 작습니다. 그래서 친구들에게 놀림을 받다 보니 학교에 가기 싫어합니다. 어느 날 아침, 그날도 느릿느릿 학교에 가던 베티 스몰은 길모퉁이에서 사자를 만납니다. 덩치가 큰 사자가 으르렁거리자 베티 스몰은 울음을 터뜨리는데, 사자는 당황하며 자신도 학교에 가고 싶었을 뿐이라고 말합니다. 베티 스몰은 사자를 학교에 데려가 자신의 옆자리에 앉히고, 사자는 베티 스몰을 괴롭혔던 '잭 톨'이란 덩치 큰 아이를 혼내줍니다.

저는 『학교에 간 사자』를 처음 읽었을 때 저에게도 이런 사자가 한 마리 있으면 좋겠다고 생각했습니다. 베티 스몰처럼 누구에게 괴롭힘을 당하는 건 아니지만, 어려운 일을 당했을 때 사자가 곁에 있으면 왠지 든든할 것 같았습니다. 하지만 한편, 베티 스몰이 학교 가는 길에 만난 사자가 '진짜 사자'인지 의문이 들기도 했습니다. 왜냐하면 교실에 사자를 데려왔을 때 선생님과 친구들 누구 하나 사자가 나타났다고 말하거나 놀라지 않았으니까요. 혹시 이 사자는 진짜 사자가 아니라 베티 스몰의 또 다른 모습은 아니었을까요?

그림책 『라치와 사자』에는 베티 스몰처럼 사자와 함께 다니는 '라치'라는 아이가 나옵니다. '라치'는 겁쟁이이고 세 가지를 무서워합니다.

나　　라치는 개를 보면 달아난대.

연호　우리 집 강아지는 엄청 귀여워요. 나는 하나도 안 무서운데.

나　　라치는 깜깜한 방에도 겁이 나서 못 들어간대.

민아　저는 깜깜한 방에 혼자 들어갈 수 있어요. 밤에도 혼자 자요.

나　　또 라치는 친구들을 무서워한대. 그래서 친구들이 놀리나 봐.

준석　친구가 왜 무서워요? 같이 놀면 재미있는데.

라치와 사자
지은이: 마레크 베로니카
옮긴이: 이선아
출판사: 비룡소

아이들은 대개 이렇게 말하며 자신이 얼마나 씩씩한지 자랑하지만, 무서운 게 하나도 없는 아이는 없습니다. 저는 제가 어릴 적에 얼마나 겁쟁이였고 부끄럼을 잘 타는 아이였는지 아이들에게 말해줍니다. 혼자서 잠도 못 잤고, 친구들 앞에서 크게 말도 못했다고 알려주면, "진짜요?" "정말이요?"라며 놀란 표정을 짓습니다. 그리고 슬금슬금 자신이 무서워하는 걸 하나둘 꺼내놓습니다. 모든 아이들의 마음속에 조금씩은 라치가 자리 잡고 있는 겁니다. 아무튼 라치는 이렇게 겁이 많으니 바깥에는 잘 나가지도 않고 집 안에 틀어박혀 그림책만 봅니다. 그리고 갈기 달린 커다란 사자 그림을 보며 이렇게 중얼거리곤 합니다.

'나한테 이런 사자가 있으면 아무것도 겁나지 않을 텐데…' (본문 11쪽)

그러던 어느 날 아침, 사자 한 마리가 라치 앞에 나타납니다. 베티 스몰이 만난 커다랗고 무섭게 생긴 사자가 아니라 조그맣고 귀엽게 생긴 사자였습니다. 라치는 사자답지 않게 생긴 사자를 보며 깔깔거리며 비웃지만, 이 사자는 이때부터 늘 라치 곁에 있으면서 라치가 두려움을 극복하게 해줍니다. 라치는 두려움을 극복할 때마다 이렇게 말합니다.

'난 하나도 겁나지 않아. 내 곁에는 사자가 있으니까!' (본문 22쪽, 32쪽)

드디어 무서워하던 세 가지를 라치가 모두 극복하자 사자는 편지 한 장을 남겨놓고 떠납니다. 라치는 이제 용감해졌으니 자신은 또 다른 겁쟁이 아이에게 가겠다는 내용이었습니다.

"라치는 누구 집으로 갔을까? 혹시 연호 집에 갔을까? 아니면 민아 집? 아니면 준석이 집?"

제가 아이들 이름을 부르며 한 명씩 눈을 마주치다 보면, 아이들 눈 속에는 자기 집에 사자가 오면 좋겠다는 마음과 자신은 겁쟁이가 아니니까 안 와도 된다는 마음이 동시에 보입니다. 하지만 라치는 분명히 제 앞에 있는 아이들 가운데 누군가의 집에 갔을 겁니다.

다섯 살 아이 두 명, 여섯 살 아이 두 명과 하는 수업이 끝났습니다. 아이들과 헤어지는 인사를 하고 자리에서 일어났는데, 이번에는 여섯 살 아이 두 명이 매미처럼 제 다리를 붙잡고 매달렸습니다.

준석 저는 선생님 다리에 매달려서 안 떨어질 거예요.
나 너희는 선생님이 얼마나 힘센 줄 모르는구나?
승민 그래도 저는 꽉 붙어 있을 거예요.

영차영차, 저는 두 아이를 양다리에 매단 채 한 발 한 발 앞으로 나아갔습니다. 제 다리에 매달리는 게 재미있어 보였는지 교실로 돌아가던 다섯 살 아이들까지 와서는 서로 매달리려 했습니다. 그리고 그렇게 한참을 놀다가 담임 선생님이 부르자 우르르 교실로 뛰어갔습니다. 다만 여섯 살 승민이만 안 돌아가고 계속 제 주위를 맴돌기에 번쩍 들어 올려 빙글 한 바퀴 돌려주었습니다. 바닥에 내려오자마자 승민이가 말했습니다.

"우리 집에서는 제가 무거워서 아무도 못 들어요."

이날 40분이라는 짧은 시간 동안 저는 '라치'와 '사자'를 모두 경험했습니다. 다섯 살 두 아이의 아낌없는 응원을 받으며 훌라후프를 할 때 저는 '라치'였고, 덩치 큰 여섯 살 아이를 번쩍 들어 올려 한 바퀴 돌려줄 때 저는 '사자'였습니다. 어느 쪽이 더 좋았냐고 묻는다면 '라치'도 좋고 '사자'도 좋았습니다. 앞으로 만나는 모든 아이들에게 '라치'도 되고 '사자'도 될 수 있다면 참 행복할 것 같습니다.

마법 깔개

원예 수업을 할 때는 바닥에 까는 깔개가 꼭 필요합니다. 아무리 주의를 주어도 아이들은 여기저기 흙을 흘리므로 이왕이면 넓은 깔개가 좋습니다. 처음에는 원예용으로 나온 깔개를 썼는데, 가로세로 각각 1미터도 안 되다 보니 여러 개를 나란히 붙여놓아도 틈새로 흙이 다 새어나왔습니다. 그래서 궁리 끝에 찾아간 곳이 서울 동대문 시장의 천막 천을 파는 가게. 그 곳에서 저는 흙도 잘 털리고 튼튼한 천을 찾았습니다. 길이는 아이들 대여섯 명이 함께 앉아도 여유 있도록 가로세로 각각 2미터씩 맞춰 잘랐습니다. 저는 지금도 이 깔개를 자동차 트렁크에 열 장 정도 넣고 다닙니다.

초등학교 1, 2학년 아이들 네 명과 매주 한 번씩 수업을 했습니다. 1학기 마지막 수업 날, 이날은 한 명이 결석해서 세 명과 같이했습니다. 책상 위가 아닌 교실 바닥에 깔개를 깔고 그림책을 읽어주려니까 세 명이 거의 동시에 말했습니다.

"선생님! 배 태워주세요."

깔개가 바다 위에 떠 있는 배로 변신한 건 꽤 오래전의 일입니다. 수업을 해야 하는데 아이들이 계속 돌아다니며 장난만 치고 깔개 위에 앉지 않아서 생각해낸 거였습니다. 놀이 방법은 간단합니다. 아이들이 깔개 위에 앉으면 제가 양손으로 깔개 끝부분을 잡고 이리저리 끌고 다니는 겁니다. 배가 출발하면 아이들은 깔깔거리며 웃기 시작하고, 저는 가끔씩 태풍이 친다며 깔개를 이리저리 흔들어댑니다. 아이들은 배에서 떨어지지 않으려고 깔개 가운데로 모여들지요. 깔개에서 떨어지는 아이가 있으면 제가 상어로 변신해서 번쩍 들어 올려 잡아먹는 시늉을 합니다. 그러면 아이들은 서로 바다에 빠지며 말합니다.

"선생님, 저도 바다에 빠졌어요. 저도 잡아먹으세요."

사실 아이들이 올라앉은 깔개를 끄는 건 꽤나 힘듭니다. 대여섯 명 넘게 앉아 있으면 힘껏 끌어도 잘 움직이지 않습니다. 하지만 이날은 1학기 마지막 수업인 데다가 아이가 세 명밖에 안 되어 신나게 배를 끌어주었습니다. 특히 1학년 여자아이 서윤이가 매우 즐거워했습니다.

나　서윤이 손님은 어디까지 가세요?

서윤　브라질이요.

나　와, 손님은 브라질이란 나라를 어떻게 아세요?

서윤　브라질에 이모가 살거든요.

나　그렇군요. 근데 브라질은 엄청 먼 곳이에요. 한국이랑 완전 지구 반대쪽에 있어요.

서윤　저도 알아요. 거기 이모 집은 커다란 이층집이고 마당에 수영장도 있고, 바로 앞에 바다도 보인대요.

나　멋지겠어요. 그럼 손님은 이모 집에 아직 못 가 본 거죠?

서윤　네, 아직 못 가 봤어요.

나　그럼 제가 지금 모셔다 드릴게요. 배에서 떨어지지 않게 꼭 잡고 계세요.

저는 힘껏 깔개를 끌어서 서윤이를 이모가 사는 브라질에 데려다 줬습니다. 중간에 태풍이 몰아치기도 했지만 서윤이는 배에 꽉 붙어 있었습니다. 서윤이는 브라질에 도착해 아마존 정글에서 자랄 법한 식물 스킨답서스를 저에게 선물 받았습니다. 그리고 배에서 내리지도 않은 채 열심히 스킨답서스를 살펴보며 종이에 따라 그렸습니다. 원예 수업이 자연스레 시작되었습니다.

마법 침대
지은이: 존 버닝햄
옮긴이: 이상희
출판사: 시공주니어

저와 수업하는 아이들이 깔개로 만든 배를 타고 모험을 떠난다면, 그림책 『마법 침대』의 주인공 조지는 밤마다 침대를 타고 모험을 떠납니다. 표지를 보여주자마자 한 아이가 아는 체를 했습니다.

현우   이 책에서는 침대가 막 날아다녀요.
나   앗! 아직 읽어주지도 않았는데 어떻게 알았어?
현우   전에 유치원에서 봤어요.

나	그랬구나. 그래도 다른 친구들한테는 미리 내용 말하지 않기로 선생님이랑 약속해. (현우 입에 손가락을 대며) 다른 친구들이 미리 알면 재미없으니까 참고 있어야 해.

현우는 정말 다른 친구들을 위해서 입을 꾹 다물어줄까요? 절대 그럴 리 없습니다. 신이 나서 열심히 떠들어댑니다.

현우	얘들아, 저 침대 막 날아다닌다!
나	(현우 입에 손가락을 대며) 쉿!
현우	침대가 하늘 높이 날아가서 호랑이도 만난다!
나	(현우 입에 손가락을 대며) 쉿!

아직도 아기 침대를 쓰는 조지는 아빠와 함께 쇼핑센터로 침대를 사러 갑니다. 하지만 가다가 중고 가게에 들러, 가게 주인이 마법 침대라며 침대를 보여주자 의심 한번 안 하고 사버립니다. 할머니와 엄마는 새 침대를 안 사왔다고 아빠와 조지를 타박했지만, 아빠가 침대 머리에 적힌 마법 주문을 발견해낸 덕분에 조지는 밤마다 마법 침대를 타고 여행을 합니다.

그렇다면 조지는 정말 밤마다 마법 침대를 타고 여행을 한 걸까요? 아니면 꿈을 꾸었을 뿐인데 진짜 다녀온 걸로 착각한 걸까요? 마법 침대를 가져온 다음 날, 아침을 먹으며 엄마와 할머니는 조지에게 비아냥거리듯 묻습니다. 마법 침대를 타고 어디 근사한 곳이라도 다녀왔냐고요. 이때 엄마와 할머니는 웃고 있지만 조지와 아빠의 표정은 딱딱하게 굳어 있습니다. 아빠는 조지에게 위로의 마음을 담아 주스를 따라줍니다. 조지가 엄마와 할머니에게 마음을 닫는 순간입니다.

그날부터 조지는 매일 밤 마법 침대를 타고 여기저기 신나게 여행을 다닙니다. 저는 아이들에게 물어봅니다.

"너희들은 마법 침대가 있으면 어디에 가고 싶으니?"

어느 유치원에서 만난 일곱 살 여자아이 채원이는 하늘로 올라가 엄마를 만나고 싶다고 했습니다. 채원이의 사정을 전혀 몰랐던 저는 대답을 얼버무리며 수업을 끝냈습니다. 그리고 채원이 담임 선생님으로부터 이런 이야기를 들었습니다.

"채원이 엄마가 간호사셨는데요. 몇 달 전에 집에 들어와서 샤워를 하다가 갑자기 쓰러져서 돌아가셨어요. 그때 채원이도 집에 있었고요. 무지 활발한 아이였는데, 그 충격 탓인지 그 후로는 유치원에서 말을 잘 안 하더라고요. 게다가 이 유치원에 다섯 살 먹은 남동생도 있거든요. 그 일이 있고나서부터는 동생한테 더 의젓한 누나로 보이려고 애쓰는 것 같아서 마음이 짠해요."

십 년도 더 지난 이야기이지만, 요즘도 이 그림책을 펼칠 때면 저는 채원이의 모습이 어렴풋이 떠오릅니다. 그때 제가 어떤 말을 해주는 게 채원이에게 위로가 되었을까요? 미리 사정을 알았더라도 무슨 말을 해줄지 몰라서 머뭇거렸을 것만 같습니다.

어느 여름 날, 조지와 엄마, 아빠가 휴가 여행을 떠난 사이에 집에 있던 할머니는 새 침대를 사놓습니다. 손주에게 새 물건을 주고 싶은 할머니의 마음이었습니다. 하지만 조지에게 진짜 필요한 건 자신을 재미있고 신나게 해줄 마법 침대였습니다. 조지는 미친 듯이 쓰레기 처리장으로 달려가 아슬아슬하게 자신의 마법 침대를 되찾습니다. 그리고 마법 침대를 타고 하늘 높이 날아갑니다.

아이와 그림책의 관계에 대해 다양한 연구가 진행되고, 어른들도 자신을 위해 그림책을 보는 세상이 되었습니다. 어른들은 심리학의 관점으로 그림책을 분석하기도 하고, 그림책 속에 숨어 있는 여러 메시지들을 찾아내며 즐거워하기도 합니다. 물론 저 또한 그렇게 다양한 관점으로 그림책 보는 걸 매우 좋아합니다. 『마법 침대』를 본 어른들은 조지의 심리 상태가 마법 침대라는 도구를 통해 다양한 상상의 세계가 발현되었다고 말하기 쉽습니다. 하지만 『마법 침대』의 마지막 장면에서 작가 존 버닝햄은 이렇게 말합니다.

'여러분도 지금 침대에 가만히 누워, 그 침대의 주문을 알아내

보세요. 조지처럼 멀리멀리 여행을 떠날 수 있을 거예요.' (본문 40쪽)

『마법 침대』의 모든 장면은 조지가 만들어낸 상상 세계가 아니라, 조지가 실제로 경험한 진짜 세계란 걸 작가는 명확하게 알려줍니다. 그런 의미에서 저는 이 그림책의 주인공은 조지와 아빠 두 명이라고 생각합니다. 언제라도 자신의 마법 침대를 타고 여행할 수 있는 조지와 비록 어른이지만 침대 머리에 적혀 있는 마법 주문을 찾아낸 조지의 아빠. 마법 침대는 이런 아이와 어른들에게 용기를 잃지 말라고 작가가 보내는 응원가 같습니다.

제가 수업 때 쓰는 깔개도 실은 조지의 마법 침대처럼 마법 깔개입니다. 조지가 마법 주문을 외치면 침대가 어디든 날아가듯이, 깔개도 아이들이 마법 주문을 외치면 어디든 갈 수 있습니다. 저와 만나는 아이들이 마법 깔개를 타고 브라질, 하늘나라뿐만 아니라 가고 싶은 모든 곳을 다 갈 수 있으면 좋겠습니다. 저는 힘이 남아 있는 한 열심히 마법 깔개를 끌어줄 생각입니다.

무서운 이야기

어린 시절 보았던 텔레비전 드라마 '전설의 고향'에는 무서운 이야기가 꽤나 많았습니다. 겁이 많은 저는 보고 나면 다음에는 절대로 안 보겠다고 다짐했지만, 호기심 때문에 또 보고 잠 못 드는 일을 몇 번이고 반복했습니다. 특히 어느 해 여름 납량 특집으로 한 구미호 이야기는 잊을 수가 없는데요. 마침 비까지 내린 그날 밤의 분위기는 지금도 기억이 생생합니다. 그 당시 저는 밤에 가위 눌릴 것을 뻔히 알면서도 왜 자꾸 '전설의 고향'을 보았을까요? '무서운 이야기'에는 분명 사람을 끌어당기는 묘한 매력이 있는 것 같습니다.

   세월이 흘렀지만 '무서운 이야기'의 매력은 지금도 여전합니다. 가끔 수업을 마치고 5~10분 정도 시간이 남으면 아이들은 저에게 무서운 이야기를 해달라고 조릅니다. 저는 아이들이 좋아하는 무서운 이야기를 몇 개 기억했다가 들려주기도 하고, 즉석에서 이야기를 만들어 들려주기도 합니다. 때로는 좀 더 분위기를 잡기 위해 교실의 커튼을 닫고 불을 끄기도 하는데, 대개 여자아이들은 신나 하는 반면 남자아이들은 떨떠름한 표정을 짓습니다. 말은 안 하지만 겁이 나는 거지요. 물론 너무 겁을 내거나 듣기 힘들어하는 아이가 한 명이라도 있으면 저는 절대로 들려주지 않습니다.

일주일에 한 번씩 수업하던 유치원에서의 일입니다. 그날도 수업을 마칠 때쯤 아이들은 무서운 이야기를 해달라고 했습니다. 딱히 이야깃거리가 없던 저는 앞뒤도 안 맞는 이야기를 얼렁뚱땅 만들어서 들려주었는데, 아이들은 눈을 반짝이며 재미있게 들었습니다. 그리고 일주일이 지나 다시 유치원에서 수업을 준비하고 있는데 한 어머니가 다가왔습니다.

어머니 원예 선생님이시죠? 안녕하세요. 저 지후 엄마예요.
나 아, 안녕하세요. 지후 너무 잘하고 있어요.
어머니 제가 오늘 학부모 면담 때문에 왔는데요. 마침 선생님이 계시기에 뭐 좀 여쭤보려고요.

나	네, 말씀하세요.
어머니	저기, 혹시 지난주에 지후한테 무서운 이야기 들려주셨어요?
나	네? 아! 수업 끝날 때 아이들이 하도 졸라서 들려줬어요.
어머니	지후가 그날 무슨 이야기를 들었는지 혼자 화장실도 못 가고 밤에 자려고 누워도 천장에 자꾸 뭐가 있는 것 같다며 너무 무서워하더라고요.
나	아, 그랬나요? 정말 죄송합니다. 실은 아이들이 하도 졸라서 제가 막 이야기를 꾸며서 들려줬거든요. 원래 한 명이라도 무서워하는 아이가 있으면 안 하는데 지후가 말을 안 해서 몰랐어요. 제가 이따가 지후 만나면 지난주에 제가 들려준 이야기 다 거짓말이니까 무서워할 필요 없다고 말하겠습니다. 그리고 앞으론 무서운 이야기 안 들려주겠습니다.

그날도 아이들은 여전히 수업이 끝날 때쯤 무서운 이야기를 들려달라고 했지만 저는 딱 잘라 싫다고 했습니다.

"선생님이 지난주에 너희한테 무서운 이야기 들려주고 났더니 선생님 꿈에 그 이야기가 나왔어. 선생님은 겁쟁이라서 무서운 꿈꾸는 거 싫거든. 그래서 안 들려줄래."

여우 누이
지은이: 이미애
그린이: 허태준
출판사: 시공주니어

『여우 누이』는 아이들이 잘 알고 있는 옛이야기입니다. 표지에 그려진 여자아이와 '여우 누이'라고 적힌 글자만 보고도 "저 여자아이가 구미호예요!"라고 소리치며 신나 합니다. 『여우 누이』는 사람을 잡아먹는 여우가 나오는 무서운 이야기이지만, 예상 외로 아이들은 무서워하기보다는 재미있어합니다. 이런 점은 옛이야기 '해와 달이 된 오누이'도 마찬가지인데요. 아마도 '옛날에 옛날에~'로 시작하는 '옛이야기'는 원래 상상의 이야기이며 악당은 나중에 꼭 벌을 받는다는 걸 아이들이 알고 있기 때문이 아닐까 생각합니다.

구미호는 아시아 지역의 신화와 전설에 등장하는 상상의 동물입니다. 우리나라 전설에서 구미호는 여자로 변신해서 사람을 잡아먹곤 하는데, 흔히 사람의 간을 백 개 먹거나, 인간과 결혼해서 백 일 동안 정체를 들키지 않고 살면 인간이 될 수 있다고 알려져 있습니다. 그런데 이렇게 '여우 누이'처럼 잘 알려진 옛이야기를 읽어줄 때면, 종종 아이들은 자신이 아는 이야기와 다르다고 말하기도 합니다. 이는 그림책마다 바탕으로 삼은 이야기가 다르기 때문인데요. 그래서 옛이야기를 읽어주기 전에는 아이들에게 꼭 이런 말을 해줍니다.

"지금은 선생님이 너희에게 그림책을 읽어주잖아. 하지만 옛날에는 책이 없으니까 할아버지나 할머니가 자신의 할아버지나 할머니에게 들은 걸 잘 기억했다가 이야기를 해주었어. 그런데 사람마다 다르게 기억할 수도 있잖아. 그러다보니 원래는 같은 이야기였지만 전해지고 전해지면서 조금씩 달라진 거야. 이 동네에서는 이야기가 좀 줄어들고, 저 동네에서는 무서운 이야기가 더 들어가는 식으로 된 거지. 그래서 선생님이 지금 읽어주는 '여우 누이'도 너희가 알고 있는 '여우 누이'랑 좀 다를 수 있어."

『여우 누이』이야기는 전반적으로 긴장감이 넘치지만, 아이들은 그 가운데에서도 여우 누이(여동생)가 오빠를 잡아먹으려고 쫓아가는 장면에서 제일 긴장합니다. 고향집에 갔지만 엄마, 아빠를 못 만난 아들은 여우 누이에게 쫓깁니다. 그리고 잡힐락 말락 할 때마다 하얀 병, 파란 병, 빨간 병을 차례로 던집니다. 아이들은 각각의 병에서 무엇이 나오는지 빨리 말하고 싶어서 입이

근질근질합니다. 아무리 먼저 말하지 말라고 해도 꼭 말하는 아이가 있습니다.

"가시가 나와요!"
"물이 나올 거예요!"
"빨간색이니까 불이에요!"

결국 마지막에 던진 빨간 병에서 불이 나와 여우는 타죽고, 오빠는 다시 용궁으로 돌아가 행복하게 사는 걸로 이야기는 끝이 납니다.
"털 있는 동물들은 불을 아주 무서워한대. 털에 불이 붙으면 온몸이 다 타버리니까."
제 이야기를 듣고 나서 어떤 아이들은 불에 덴 상처를 저에게 보여줍니다. 그리고 자신이 왜 데었는지 열심히 설명합니다. 불에 덴 상처도 아닌데 저에게 보여주며 왜 다쳤는지 말하는 아이들도 많습니다. 아이들이 자신의 상처를 보여주면 저와 늘 이런 대화가 오갑니다.

나 정말 아팠겠다.
아이 아니요. 하나도 안 아팠어요.

나	선생님 같으면 아파서 막 울었을 텐데.
아이	아니요. 전 하나도 안 울었어요.

겁이라곤 하나도 없어 보이는 씩씩한 남자아이들과 유치원에서 수업했을 때 일입니다. 어느새 마지막 열 번째 수업 시간이 되었습니다.

나	너희는 정말 화분에 식물을 잘 심는다.
동훈	정말 잘 심어요?
나	당연하지. 선생님이 다른 유치원에서도 친구들을 많이 만나잖아. 선생님 생각에는 여섯 살 중에서 너희가 식물을 제일 잘 심는 것 같아.
현수	정말요!?
나	다른 유치원에 가면 너희처럼 여섯 살인데 흙이 무섭다면서 못 만지는 친구도 있거든.
민성	흙이 왜 무서워요?
나	흙 속에 벌레가 있거나 흙이 더럽다고 생각하나 봐.
현수	(저를 지긋이 바라보더니 제 귀에 아주 작은 목소리로) 근데 실은 저도 처음에는 흙이 좀 무서웠어요.
나	(작은 목소리로) 그래!? 근데 지금은 안 무섭지?

현수   (손으로 흙을 마구 만지며) 네, 지금은 하나도 안 무서워요. 재밌어요.

현수는 또래 아이들에 비해 덩치도 크고 힘도 셉니다. 그래서 현수가 흙을 무서워했다는 사실이 의외였습니다. 아마 현수는 친구들이 아무렇지도 않게 흙을 만지는 걸 매주 보면서 차츰 흙에 익숙해졌을 겁니다. 두려움을 스스로 잘 극복해내고 자신의 마음을 솔직히 표현해준 현수를 저는 칭찬해주었습니다.

이 세상에는 무서운 이야기들이 넘쳐납니다. '여우 누이' 같은 옛이야기는 해피엔딩으로 끝날 걸 알기에 무섭지 않습니다. 오히려 이 세상에서 벌어지는 현실 이야기들이 결말을 알 수 없을 뿐더러 새드 엔딩으로 끝나는 경우도 있어서 무섭습니다. 그렇다면 아이가 현실 속 무서운 상황에 맞닥뜨려 어쩔 줄 몰라 할 때 곁에 있는 어른은 어떻게 해야 할까요? 무서워하면 겁쟁이이니까 무서워하지 말고 씩씩하게 헤쳐 나가라고 말해 주면 될까요? 왠지 그건 도와주기보다는 더 무서움 속에 밀어 넣는 일 같습니다. 그보다는 아이의 그 무서움을 이해하고 공감하면서 벗어날 방법을 함께 찾아보는 게 더 좋을 것 같습니다. 흙이 무섭다는 아이의 손에 일부러 더 흙을 묻히며 극복을 강요하기보다는, 그저 곁에서 즐겁게 흙 만지는 모습을 보여주기만 하면 된다는 게 여섯 살 현수가 조그만 목소리로 제 귀에 들려준 무서움 극복 방법입니다.

나만의 개구리알

초등학교 1, 2학년 아이들 여섯 명과 일주일에 한 번씩 수업을 했습니다. 6월의 어느 날, 교실에 들어가자마자 2학년 여자아이 연아가 뛰어 들어왔습니다.

연아   선생님, 민재는 지금 담임 선생님이랑 일대일 상담하느라 못 와요.

나   왜 상담하는데?

연아   수업 시간에 말썽을 피웠거든요.

나   무슨 말썽?

연아   조용히 하라는데 옆자리 친구랑 떠들고요, 교실에서 막 돌아다녔어요.

나 그럼 담임 선생님은 민재랑 무슨 이야기를 나누실까?
연아 몰라요.

민재는 수업을 시작하고 15분 정도 지나서 슬그머니 교실에 들어왔습니다.

이날 수업은 수경재배로, 저는 흔히 '개구리알'이라고 부르는 재료를 준비했습니다. 수경재배를 할 때 흙의 용도로 잘 쓰는 이 재료는 개구리알과 닮아서 그렇게 부를 뿐 진짜 개구리알과는 아무 상관이 없습니다. 원래는 좁쌀처럼 조그맣지만 물속에 오래 넣어두면 콩알만큼 커지는 데다가, 만지면 미끈거리고 물렁거려서 아이들이 매우 좋아하는 재료입니다. 만지는 것만으로는 인체에 해가 없지만 혹시나 삼키면 안 되므로 저는 아기 동생이 있는 아이들에게는 동생 손이 닿지 않는 곳에 두라고 단단히 주의를 줍니다.

수경재배 방법은 간단합니다. 우선 식물 뿌리에 붙어 있는 흙을 털어냅니다. 모종 포트에서 뿌리를 빼내어 대충 털어낸 다음, 물이 담긴 그릇 속에 넣고 간질이듯 나머지 흙을 털어내면 됩니

나만의 개구리알

다. 물속에서 하는 이유는 식물이 스트레스를 덜 받도록 하기 위해서입니다. 다음으로는 이렇게 흙을 털어낸 뿌리 부분을 컵에 넣으면 됩니다. 이왕이면 투명 컵으로 하는 게 뿌리와 개구리알이 잘 보여서 좋겠지요. 마지막으로 뿌리가 다 덮이도록 여러 색깔의 개구리알을 넣어주면 완성입니다. 수경재배는 컵의 반 정도 물을 채워놓고 물이 다 줄어들었을 때 다시 물을 채우면 되므로 관리하기도 쉽습니다.

저는 아이들과 함께 학교 건물 바깥의 수돗가로 나갔습니다. 아이들은 물놀이라도 하듯 물이 담긴 그릇에 식물 뿌리를 넣고 흙을 살살 털어냈습니다. 그리고 교실로 돌아와 각자 투명 컵에 식물의 뿌리를 넣었습니다.

나   자, 이제 너희 마음에 드는 색깔의 개구리알을 골라서 컵에 넣으면 돼. 너무 많이 넣으면 밖으로 흘러나오니 뿌리가 다 덮일 정도까지만 넣기다.

연아   네 가지 색깔 다 넣어야 해요? 저는 분홍색만 넣고 싶은데요.

나   한 가지 색깔로만 해도 예쁠 거야.

정호   저는 네 가지 색깔 다 넣을 거예요.

나   다 넣어도 예쁘고.

승준	선생님, 근데 이거 남으면 집에 가져가도 돼요?
나	그건 좀 그래. 집에 가져가면 어른들이 싫어하실걸?

그런데 이렇게 다들 신이 나서 개구리알을 컵에 넣고 있는 사이, 유독 민재만 개구리알을 컵에 넣지 않고 있었습니다. 대신 개구리알을 손으로 꽉 눌러 부수고 으깨느라 정신이 없었습니다.

나	민재야, 왜 개구리알을 컵에 안 넣고 다 부수니?
민재	이렇게 하면 스트레스가 없어지거든요.
나	그래? 그럼 조금만 하고 컵에 넣어줘야 해. 식물이 기다리고 있으니까.
민재	근데 선생님은 개구리알을 부수는 걸 보면 기분이 어때요?
나	글쎄, 재미있을 것도 같고 기분이 좋을 것 같기도 한데, 솔직히 나중에 이걸 다 어떻게 치울지 걱정도 돼. 근데 민재는 아까 선생님한테 혼나서 스트레스 받았니?
민재	아니요.
나	그래? 그럼 언제 가장 스트레스를 받아?
민재	동생이 놀아달라고 할 때요.

저는 민재가 선생님에게 혼날 때 제일 스트레스를 받는다고

말할 줄 알았는데, 뜬금없이 동생 이야기를 꺼내서 피식 웃음이 나왔습니다. 민재가 부수고 으깬 개구리알은 교실 바닥 여기저기에 잔뜩 흩어졌습니다. 나중에 치울 생각을 하니 심란했지만 일단은 저도 민재와 함께 열심히 개구리알을 부수고 으깨었습니다. 재미있었습니다.

스트레스를 안 받는 사람은 아무도 없습니다. 아이건 어른이건 정도가 다를 뿐 누구나 스트레스를 받습니다. 그림책 『개미나라에 간 루카스』의 루카스도 그랬습니다. 웃긴 안경과 특이한 모자를 쓰고 다닌다며 친구들이 이상한 아이 취급을 했습니다. 특히 골목대장 시드가 많이 괴롭히는 바람에 루카스는 스트레스가 이만저만이 아니었습니다. 그래서 루카스는 애꿎은 개미들에게 물총을 쏘며 스트레스를 풀었습니다.

개미나라에 간 루카스
지은이: 존 니클
옮긴이: 조세현
출판사: 비룡소

나 저 아이 이름이 '루카스'래. 그런데 루카스는 지금 뭐하고

	있는 걸까?
연아	개미한테 물총을 쏘고 있어요.
나	개미가 아프지 않을까?
민재	아플 것 같아요.
나	잘못하면 죽을지도 몰라. 루카스는 왜 개미들을 괴롭힐까?
민재	몰라요.
연아	자기를 물어서요?
나	친구들이 자기를 괴롭혀서 개미한테 스트레스를 푸는 거래.

 루카스 때문에 집도 부서지고 생명의 위협을 느낀 개미들은 루카스를 억지로 개미집으로 끌고 들어간 다음, 마법의 약으로 개미처럼 작게 만듭니다. 그리고 개미들의 생활을 경험시킵니다. 루카스는 일개미들과 하루 종일 일을 하고, 음식도 주워 모으고, 마을을 공격하는 말벌들과도 싸우며 개미의 입장이 되어 봅니다. 그렇게 모든 일을 다 해내자 마침내 개미들은 루카스를 다시 원래 크기로 만들어줍니다. 그리고 이번에는 괴롭히던 골목대장 시드를 개미만 하게 만들어 루카스 앞에 놓아줍니다.

나	루카스를 괴롭히던 시드가 개미만 해졌어. 너희가 루카스

	라면 시드를 어떻게 할 거야?
민재	저는 휘익 던져버릴 거예요.
나	(지우개를 위로 던졌다가 받으며) 선생님은 시드를 하늘 높이 던졌다가 받는 놀이를 할 거야.
승표	저는 고양이 앞에 데려갈 거예요.
나	고양이가 잡아먹으면 시드 죽을 텐데. 시드는 정말 무섭겠다.
정우	저는 똥침을 할 거예요.
연아	저는 개미집에 넣을 거예요.

개구리알을 부수고 으깨며 스트레스를 풀던 민재와는 1학기 수업을 끝으로 헤어졌습니다. 그리고 2학기에는 새로운 아이들과 만났습니다. 그런데 새 아이들 가운데 민재를 꼭 닮은 영민이가 있었습니다. 영민이는 수업 중에 틈만 나면 소리를 지르며 교실을 뛰어다니고, 어떤 때는 교실 한쪽에 있는 보드게임을 꺼내는 바람에 열심히 수업하는 다른 아이들까지 산만하게 만들었습니다. 어느 날, 저는 수업을 마치고 슬픈 표정을 지으며 영민이를 불렀습니다.

나	영민아. 선생님은 영민이랑 수업하러 오는 건데 영민이가

딴짓을 하면 슬퍼.

영민 (건성으로) 네, 알았어요.

나 영민아, 너 담임 선생님이랑 수업할 때도 가만히 앉아 있지 않고 돌아다니니?

영민 (건성으로) 네, 민재랑 비슷해요.

나 민재? 어, 선생님은 민재가 누군지 아는데. 1학기 때 민재랑 수업했거든. 너 민재랑 같은 반이니?

영민 (건성으로) 네, 민재랑 저랑 1학년 2반이에요.

나 선생님이 1학기 때 민재랑 수업한 거 알고 있었니?

영민 아니요. 몰랐는데요.

저는 이야기를 마치고 영민이와 함께 학교 건물에서 나왔습니다. 그리고 학교 정문 쪽으로 걸어가는데 운동장 저편에서 한 아이가 열심히 뛰어왔습니다. 민재였습니다. 민재는 운동장 저편 놀이터에서 저와 영민이를 보고 뛰어온 것이었습니다. 그것도 맨발로요.

나 민재야, 오래간만이다. 선생님이랑 1학기 때 수업한 거 기억하지?

민재 당연히 기억하죠.

나	근데 너 왜 맨발이야?
민재	신발은 모래놀이터에 있어요. 근데 선생님 지금도 수업해요?
나	응. 2학기 때는 영민이랑 같이해. 민재야, 너 지금도 선생님께 자주 혼나니?
민재	지금도 혼나고 교실 뒤에 계속 서 있어요.
나	그래? 계속 서 있으면 힘들겠다.
민재	아니요. 공부 안 해서 좋아요.

 1학기 때 만난 민재와 2학기 때 만난 영민이는 갑자기 어른 말을 잘 듣는 고분고분한 아이가 되지는 않을 겁니다. 앞으로도 수업 시간에 떠들고 장난치다가 교실 뒤에 서 있을 모습이 눈에 선합니다. 민재와 영민이는 선생님께 꾸중 듣는 것으로는 스트레스를 안 받는다고 했지만, 그렇다고 앞으로 살아가며 스트레스를 안 받을 수는 없습니다. 그럴 때 스트레스를 쌓아두지 말고 개구리알을 부수고 으깨면서 풀면 좋겠습니다. 다만 제가 계속 따라다니며 개구리알을 줄 수는 없는 노릇이니, 자신만의 개구리알을 만들어 갖고 다니면서 필요할 때마다 쓰면 좋겠습니다.

이상한 두 어른

초등학교 고학년이나 중학교 아이들과 수업을 하다 보면 제가 못 알아듣는 말이 꽤 있습니다. 아이들의 대화를 옆에서 듣고 있으면 마치 저 혼자 다른 세상에 와 있는 기분이 들기도 합니다. 이건 아이들이 주로 게임 이야기를 많이 해서 그렇기도 하지만, 무엇보다 아이들이 대화 때 쓰는 단어가 어른들의 단어와 다르기 때문입니다. 학원에서 10대 아이들을 가르치는 지인은 가까워지고 싶은 마음에 아이들이 쓰는 단어를 몇 개 말했더니, 아이들이 기분 나빠 하며 쓰지 말라고 했답니다. 자신들의 영역을 침범당한 기분이 들어서였겠지요. 언젠가 저 또한 아이들이 잘 쓰는 축약어 몇 개를 집에서 말해 본 적 있는데, 그 당시 고등학생

이던 작은아이가 이렇게 말했습니다.

"아빠, 설마 그런 말을 수업할 때 아이들 앞에서 쓰는 건 아니죠?"

그런 말이 저에게 어울리지도 않을 뿐더러 아이들 세상에 끼어들지 말라는 뜻이었습니다. 물론 저는 아이들과 수업 할 때 그런 말을 쓸 용기는 없지만, 조금이라도 아이들과 가까워지고 싶은 마음에 늘 아이들의 관심사에 기웃거립니다.

초등학교에서 6학년 여자아이 여섯 명과 10회 수업을 했습니다. 남자아이들에 비해 여자아이들은 아기자기하고 예쁘게 꾸미는 활동을 좋아해서, 수업 전반적으로 꾸미는 활동에 초점을 맞추었습니다. 꽃꽂이를 하더라도 선물상자나 카드처럼 꾸밀 거리를 많이 주어 자신을 좀 더 많이 표현하도록 하는 것이지요. 5회 수업쯤 되었을 때입니다. 그날도 아이들은 자리에 앉자마자 저와 이런저런 이야기를 나누었는데, 마침 아이돌 이야기가 나와서 제가 그 당시 인기 있는 아이돌 음악을 휴대폰으로 틀어주었습니다. 그러자 갑자기 한 아이가 자리에서 벌떡 일어나더니 음악에 맞춰 춤을 추기 시작했습니다.

소연 제 꿈은 아이돌이 되는 거예요.
나 그래? 소연이는 정말 춤 잘 추는구나. 진짜 아이돌 같아.

소연	이거 제가 좋아하는 노래에요. 제가 '케플러'를 좋아하거든요.
나	아, '퀸덤 2'에 나오는 팀 말이지? 선생님도 봤어.
소연	(나를 빤히 쳐다보면서) 네?
나	(살짝 웃으면서) 왜? 선생님이 '케플러'도 알고 '퀸덤'을 보는 게 신기해?
소연	(믿지 못하겠다는 표정으로) 선생님이 정말 '퀸덤'을 봐요?
나	당연하지. 거기에 '우주소녀'도 나오고, '브레이브걸스'도 나오고, '비비지'도 나오잖아.
소연	(놀라운 표정으로) 정말로 봤어요?
나	그렇다니까. 선생님은 '블랙핑크'도 좋아해.
소연	(나를 빤히 쳐다보면서) 선생님도 엠지(MZ)에요?
나	하하하, 아니야. 선생님은 아저씨야.

'퀸덤 2'라는 아이돌 경연 프로그램을 제가 텔레비전으로 본 건 사실이었습니다. 다만 자발적으로 본 건 아니고, 아이돌을 좋아하는 작은아이가 볼 때마다 얼떨결에 본 거였습니다. 어찌 되었든 한참 나이든 아저씨가 자신이 좋아하는 아이돌을 알고 있다는 게 아이는 신기하고 재미있었나 봅니다. 그날 이후로도 저는 소연이와 아이돌 이야기를 몇 번 더 주고받았고, 아주 조금은

더 가까워진 느낌이 들었습니다.

어른이 아이와 가까워지려면 무엇이 필요할까요? 게임이나 아이돌처럼 아이들이 좋아하는 것을 알려고 노력하는 방법밖에 없을까요? 그림책『마법의 저녁 식사』는 반드시 그럴 필요는 없다고 알려줍니다. 이야기는 어느 해 여름 주말, 시골 별장에 놀러 온 피에르네 식구 모습으로 시작합니다. 아빠는 신문을 보고 있고 엄마는 뜨개질을 하고 있는데, 피에르의 표정에 불만이 넘쳐 흐릅니다. 유치원 아이들과 이야기를 나눴습니다.

마법의 저녁 식사
지은이: 마이클 갈랜드
옮긴이: 이경혜
출판사: 보림

나 피에르는 왜 저렇게 화가 났을까?

정호 엄마, 아빠가 안 놀아주잖아요.

나 선생님이 피에르 표정을 따라 해볼 테니까 비슷한지 봐봐.
(저는 그림 속 피에르의 표정을 따라 부루퉁한 표정을 짓습니다.)

민서 좀 다른 것 같아요.

나	그래? 그럼 민서가 한번 해볼래?
민서	(그림을 보고는 열심히 따라 합니다.)
나	어, 정말 비슷하네. 민서는 집에서도 이런 표정 지을 때 있니?
민서	텔레비전 보고 싶은데 엄마가 자꾸 끄라고 할 때요.
유정	저도 저런 표정 지어요. 학원에 가기 싫은데 자꾸 엄마가 가라고 할 때요.
나	선생님도 옛날에 학원 가기 싫을 때 많았는데.
소정	저는 엄마가 밥 먹으라고 할 때가 싫어요.
나	왜? 엄마가 해준 밥은 맛있잖아.
소정	아니요. 맛없어요. 저는 밥 싫어요.

심심해서 어쩔 줄 모르던 피에르는 잔디밭 너머 아저씨네 집에 놀러 갑니다. 그런데 아저씨와 함께 놀다 보니 흥미진진한 일이 넘쳐납니다. 창밖을 내다보는 커다란 눈동자라든가, 나무들 사이로 조각나 보이는 몸이라든가, 하늘에서 내리는 개와 고양이라든가 매 장면 재미있는 그림이 이어집니다. 피에르가 놀러 간 집의 주인아저씨 이름은 '르네 마그리트' 바로 우리가 잘 아는 벨기에의 초현실주의 화가 마그리트입니다. 게다가 나중에는 드라큘라처럼 망토를 걸친 아저씨가 놀러 오는데, 바로 '살바도

르 달리' 역시 우리가 잘 아는 에스파냐의 초현실주의 화가 달리입니다. 피에르는 이 어른들과 신나게 놀고 저녁까지 먹은 다음 집에 돌아옵니다. "정말 재미있게 놀았어요."라는 피에르의 인사에, 마그리트 아저씨와 아주머니도 말하지요. "우리도 그랬단다. 또 놀러 오렴."(본문 26쪽)

저는 아이들과 함께 그림책도 보고 식물도 심는 수업을 하고 있습니다. 하지만 그 핵심은 아이들과 놀고 이야기 나누는 일이라고 생각합니다. 그래서 그림책 『마법의 저녁 식사』의 마그리트와 달리가 참 부럽습니다. 피에르를 재미있게 해주려고 딱히 애쓴 것도 아닌데 피에르는 정말 좋아했으니까요. 그래도 아이들과 함께한 순간들을 돌이켜보면 저에게도 아주 조금은 마그리트와 달리의 마음이 있었던 것 같습니다. 아이들과 화분에 식물을 심고 나면 다양한 재료로 화분을 꾸며줍니다. 돌멩이나 색돌을 얹어주기도 하고 모형 무당벌레나 버섯을 올려놓고 다양한 이야기를 만들기도 합니다. 저는 이런 작업이 참 재미있습니다. 그래서 때로는 아이들보다 더 몰입하기도 하는데요. 초등학교 2학년 아이들과 흙 위에 모형 버섯을 꽂을 때도 그랬습니다.

나   이 버섯 예쁘게 생겼지?
승호   이거 독버섯이에요.

나　　왜?

승호　원래 이렇게 생긴 건 다
　　　독버섯이에요.

나　　그래? 선생님이 한번 먹어
　　　봐야겠다.

승호　진짜 버섯도 아닌데 어떻게 먹어
　　　요!

나　　이거 진짜 버섯 아니니?

현서　선생님! 이거 가짜인 줄 몰랐어요?
　　　그 대신에 제가 버섯 반지 만들어 드릴게요.

　모형 버섯의 아랫부분에는 흙에 꽂을 수 있도록 가는 철사가 붙어 있는데, 여자아이 현서는 철사를 동그랗게 휘어서 반지를 만들더니 저와 자기 손가락에 하나씩 끼웠습니다. 9살 여자아이가 친구처럼 느껴지는 순간이었습니다. 이렇게 저도 아주 가끔은 마그리트와 달리가 부럽지 않을 때도 있습니다.

더 읽어주면 좋은 그림책 4

현실과 상상을 오가는 능력이 가장 뛰어난 시기는 대략 5~7세입니다. 하지만 이 능력은 10대 이후 사춘기까지 계속될 수도 있고 금세 사그라질 수도 있습니다. 저는 '그림책 읽어주기'야말로 이 능력을 오래 유지시켜 주는 훌륭한 방법이라고 생각합니다. 어른들이 마음을 담아 읽어주면 아이들은 나이에 관계없이 모두 재미있게 듣습니다. 이는 어른이 현실과 상상을 오가는 능력을 되찾을 수 있는 기회이기도 합니다.

🍏 『머나먼 여행』(에런 베커 지음/웅진주니어)
심심한 여자아이는 방에서 우연히 빨간 펜을 발견합니다. 그리고 머나먼 여행을 시작합니다. 심심함 속에서 상상력이 피어납니다.

🍏 『아트&맥스』(데이비드 위즈너 지음/시공주니어)
맥스는 무얼 어떻게 그려야 할지 몰라 막막해합니다. 하지만 친구 아서의 도움으로 자신만의 예술 세계를 끄집어냅니다.

🍏 『숨어 있는 그림책』(송명진 지음/보림)
열네 바닥의 그림 속에 열네 개 자음이 각각 숨어 있습니다. 하지만 아이들의 즐거움은 자음을 찾는 것만으로 끝나지 않습니다.

🍏 『꼭꼭 숨어라』(오승민 지음/느림보)
늑대와 빨간 모자는 숲속에서 숨바꼭질을 합니다. 둘은 번갈아 술래를 하는데, 수많은 상상을 불러일으키고 이야기를 만들어냅니다.

🍏『아주 아주 큰 고구마』(아카바 스에키치 지음/창비)
땅 속에 살던 고구마는 땅 위로 올라와 배도 되고 공룡도 되다가 결국은 아이들 배 속으로 들어갑니다. 그리고 하늘로….

🍏『청룡과 흑룡』(정하섭 글, 이강 그림/길벗어린이)
두 마리 용에 열광하는 아이들을 보고 있으면 아이들이 수많은 '포켓몬스터'의 이름을 줄줄 외우는 이유를 알 것 같습니다.

🍏『패트릭』(퀜틴 블레이크 지음/문학과 지성사)
패트릭이 연주하는 바이올린 소리는 온 세상을 알록달록하게 물들입니다. 힘들고 가난한 사람을 행복하게 만들어줍니다.

🍏『리버벤드 마을의 이상한 하루』(크리스 반 알스버그 지음/문학동네)
한 쪽 한 쪽 펼칠 때마다 여러 상상을 하다가 마지막 장면에서는 웃음이 터집니다. 놀라운 반전.

🍏『끝없는 나무』(클로드 퐁티 지음/비룡소)
한 그루 나무에도 많은 이야기가 숨어 있고, 지금 이 순간에도 만들어지고 있습니다. 상상의 잎사귀가 자라납니다.

🍏『밤나들이 고양이』(달로프 이브카 지음/보림)
아무것도 제대로 보이지 않는 깜깜한 밤에 고양이의 눈을 빌어 맘껏 상상합니다. 보이지 않는다고 없는 게 아닙니다.

그림책을 재미있게 읽어주는 팁 ③

아이가 한 번 본 책만 자꾸 보려고 할 때

유치원 학부모 연수에서 만난 한 어머니는 일곱 살 아이가 두 달 째 다른 책은 안 보고 한 권만 계속 본다고 걱정했습니다. 다른 책들도 골고루 보면 좋을 텐데 제목에 '좀비'가 들어가는 한 권만 본다는 거였습니다. 어머니는 '좀비'가 나오는 책 자체도 마음에 들지 않은 듯했습니다. 저는 그 책을 보지 않았으므로 책 자체에 대해서는 이야기하지 않았습니다. 다만 한 번 보고 재미있으면 질릴 때까지 계속 보는 게 아이들의 책읽기 특성이니, 아이의 그런 행동 자체는 걱정 안 해도 된다고 말했습니다. 아이 스스로 충분히 즐겼다고 생각하면 자연스레 그 책을 내려놓고 다른 책을 찾을 테니까요.

사실 제가 그림책을 읽어줄 때도 아이들은 똑같은 모습을 보입니다. 마지막 장면까지 다 읽어주고 덮자마자 또 읽어달라고 하는 그림책들이 있습니다. 아이들에게 재미있는 그림책입니다. 그러면 저는 또 읽어줍니다. 아이들은 방금 전에 봤는데도 처음 보는 것처럼 뚫어져라 책을 보기도 하고, 재미있던 장면에서는 "여기서 저 공룡은 물에 빠져요."라든가 "저 다람쥐는 엄마한테 혼나요."라고 기억나는 내용을 말하기도 합니다. 처음 볼 때 그림 속에서 못 찾은 것을 두 번째 보면서 찾아내면 엄청난 보물이라도 발견한 듯이 기뻐합니다. 이렇게 두 번을 읽어주고 나면 아이들은 이렇게 말합니다. "책 좀 줘 보세요.", "저 혼자 볼래요." 제 손에서 책을 빼앗아간 아이들은 우르르 책에 몰려들어 머리를 들이밀며 서로 보려고 합니다. 그림책을 비롯해 어린이 책만이 갖는 매력이자 어른들에게서는 볼 수 없는 아이들만의 독서 습관입니다.

따라서 아이가 한 책만 계속 보는 행동은 아직 그 책을 충분히 즐기지 못했다는 뜻입니다. 보고 또 보면서 다 즐기고 나면 아이는 만족감을 느끼고 자연스레 다른 책을 찾을 겁니다. 그리고 마음에 드는 다른 책을 만나면 또다시 같은 과정을 반복하며 자연스레 자신만의 독서 취향과 습관을 만들어나갈 거라고 생각합니다.

아이가 책을 보다가 책과 관계없는 이야기를 할 때
유치원에서 그림책을 읽어주다가 꼬마 곰이 겨울잠에 드

는 장면이 나왔습니다. 저는 '동물들의 겨울잠'에 대해 아이들과 이야기를 나누고 싶었습니다.

나   곰은 겨울에 먹을 게 없어서 많이 먹어두고 겨울잠을 자는 거래.

경환   저도 알아요. 다람쥐도 그러잖아요.

동준   개구리도 겨울잠 자요.

나   맞아, 봄이 될 때까지 계속 잔대.

민서   근데 토요일에 할머니가 오신대요.

나   응? 그래? 할머니 오셔서 좋겠다.

민서   할머니 오시면 같이 비행기 타고 제주도 갈 거예요.

나   좋겠다.

모두 겨울잠 이야기를 하고 있었는데 왜 민서는 뜬금없이 할머니 오시는 이야기를 꺼냈을까요? 그건 민서의 머릿속에 '할머니'와 '비행기', '제주도' 생각이 가득 차 있기 때문입니다. 그러다가 제가 아이들과 이야기를 나누는 동안 그 생각이 봉선화 씨앗처럼 못 참고 툭 튀어나온 거지요. 이런 상황에서 저는 민서의 이야기를 계속 들어주고 싶지만,

여럿이 함께하는 수업이다 보니 말을 끊을 수밖에 없습니다. 대신 자연스레 민서의 이야기를 그림책 쪽으로 이끌어 줍니다. "제주도는 따뜻하다는데 겨울이 있을까? 거기에선 동물들이 어떻게 겨울을 보낼까?"처럼 말이지요.

하지만 제가 겪는 이런 상황을 집에서는 고민할 필요가 없습니다. 집에서 엄마, 아빠가 열심히 그림책을 읽어주고 있는데 아이가 책 내용과 관계없는 자기 하고 싶은 이야기를 한다면, 그냥 그대로 들어주는 게 더 좋습니다. 이는 '그림책 읽어주기'의 본질이 '어른과 아이의 관계 맺기'이기 때문입니다. 설령 대화가 완전히 그림책 내용과 관계없는 쪽으로 빠졌다 해도 '우리 아이는 왜 이리 산만할까?', '우리 아이는 왜 이렇게 하나에 집중을 못하지?'라며 걱정할 필요는 없습니다. 잠시 후 아이는 이렇게 말할 테니까요. "근데 왜 책 안 읽어줘요?" 그럼 그때 다시 읽어주면 됩니다. 혹시 아이가 더 보고 싶어 하지 않거나 시간이 너무 많이 흘렀다면 그날은 거기서 책을 덮어도 괜찮습니다. 그 대신 "그럼 오늘은 여기까지만 읽는다. 다음에 이어서 읽어줄게."라고 명확하게 매듭을 지어주는 게 좋습니다.

V.
어른보다 나은 아이들

만남에는 뜻이 있다 『널 만나서 정말 다행이야』

아이에게 배운다 『빨강 파랑 강아지공』

선을 지우는 아이들 『거미 아난시』

가는 말 오는 말 『꿈틀이를 찾아줘』

그린핑거 호텔 『선인장 호텔』

🍎 더 읽어주면 좋은 그림책 5

🍎 그림책 재미있게 읽어주는 팁 ④

만남에는 뜻이 있다

유치원에서 일곱 살 남자아이 세 명과 수업할 때의 일입니다. 첫 수업에 들어가기 전, 담당 선생님이 아이들에 대해 알려주었습니다.

"세 명 중에 시원이라는 아이가 있어요. 근데 시원이가 자꾸 친구들을 괴롭히고 때리니까 특히 잘 봐주세요. 작년 여섯 살 때는 같이 수업하는 민성이를 자꾸 때려서 민성이 엄마가 유치원에 강하게 말하고 간 적이 있거든요. 그러니까 웬만하면 시원이와 민성이는 붙여 앉히지 마세요."

아이들끼리 부딪칠 확률을 줄이는 게 좋은 건 사실이니 저는 선생님 말대로 시원이와 민성이 사이에 준호를 앉혔습니다. 첫 번째 시간은 별 탈 없이 잘 지나갔습니다. 그런데 두 번째 시간의 중간쯤 시원이는 걱정한 대로 민성이와 준호를 괴롭히기 시작했습니다. 두 친구의 식물을 손으로 잡아 뜯으려 하고 교구를 집어던지고 할퀴려 했습니다. 딱히 그럴만한 계기가 없어 보였는데 왜 그런 행동을 하는지 도무지 알 수가 없었습니다. 결국 수업을 제대로 할 수 없어서 담당 선생님에게 도움을 요청했습니다. 선생님은 마치 이런 상황을 예측이라도 한 듯 말했습니다.

"그러니까 시원이가 첫 시간에는 선생님이 어떤 사람인지 간을 본 거예요. 그리고 자기 맘대로 해도 괜찮겠다 싶으니까 이번 시간엔 이렇게 자기 맘대로 한 거고요."

어쩔 수 없이 수업을 끝까지 못 마친 채 시원이를 종일반 교실로 돌려보냈습니다. 그리고 일주일이 지나 세 번째 시간. 저는 시원이가 또 지난주처럼 행동할까 봐 걱정도 되고, 시원이 때문에 제대로 관심을 못 준 민성이와 준호에게 미안한 마음도 들었습니다. 시원이는 두 번째 시간과 달라진 게 전혀 없었습니다. 이번에는 옆자리에 있는 준호의 꽃을 꺾었습니다.

나　　시원아, 준호 꽃을 꺾으면 어떻게 해?

시원　준호도 꺾었단 말이에요.

나　　선생님이 봤는데 준호는 꽃을 꺾은 게 아니라 떨어져 있는 꽃을 주워서 보여준 거야. 그리고 준호가 네 꽃을 꺾은 것도 아닌데 너는 왜 준호 꽃을 꺾어?

시원 (약간 흥분해서) 아니에요. 준호도 꺾었어요.

나 (약간 격앙된 목소리로) 그럼 준호가 꺾으면 너도 꺾어도 되는 거야?

시원 (억울한 듯이) 준호도 꺾었단 말이에요!

나 (격앙된 목소리로) 준호는 떨어진 걸 주웠다고 했잖아.

시원 (약간 울먹거리며) 아니에요! 아니에요!

나 (무서운 표정을 지으며) 그렇다고 다른 친구 꽃을 꺾으면 어떻게 하니?!

시원 (정말 억울한 듯 울먹거리며) 준호도 꺾었단 말이에요.

시원이는 끝까지 자신의 잘못을 인정하지 않고 준호 탓만 했습니다. 준호가 꺾었으니 자신도 꺾어도 된다면서요. 그렇게 저와 실랑이를 하던 시원이는 결국 저와 친구들을 할퀴고 발로 찼습니다. 저는 어쩔 수 없이 지난번처럼 수업 중간에 시원이를 종일반 교실로 되돌려보냈습니다. 시원이는 무척 억울해했지만, 저 또한 무척 속상했습니다.

널 만나서 정말 다행이야
지은이: 미야니시 다쓰야
옮긴이: 김지현
출판사: 달리

그림책 『널 만나서 정말 다행이야』에는 힘 약한 아기 스피노사우루스와 힘 센 어른 티라노사우루스가 나옵니다. 티라노사우루스는 바닷가 언덕에서 빨간 열매를 따던 스피노사우루스를 잡아먹으려 합니다. 하지만 그 순간 지진이 일어나고 땅이 갈라지며 둘은 섬처럼 고립된 공간에 남겨집니다. 티라노사우루스는 당장 스피노사우루스를 잡아먹으려 했지만, 스피노사우루스는 매일 물고기를 잡아주겠다는 조건을 걸고 살아납니다. 그리고 둘은 서서히 친해집니다. 티라노사우루스는 스피노사우루스가 빨간 열매를 따서 아픈 엄마에게 갖다주려고 한다는 걸 알게 됩니다. 그래서 스피노사우루스가 빨리 빨간 열매를 엄마에게 갖다주길 바라며 도와주기 시작합니다. 스피노사우루스는 티라노사우루스에게 도움을 받을 때마다 이런 말을 합니다.

"고맙습니다. 아저씨."

"아저씨, 대단해요."

"아저씨는 정말 재미있어요."

"아저씨, 멋있어요!"

"아저씨는 정말 상냥해요."

모두 티라노사우루스가 태어나 처음 들어보는 말이었는데, 이런 말을 들을 때마다 티라노사우루스는 마음이 따뜻해졌습니다.

나   티라노사우루스는 왜 태어나서 한번도 이런 말을 못 들어 봤을까?

준호   매일 다른 공룡들을 괴롭혀서 그래요.

나   하지만 티라노사우루스는 육식 공룡이라서 다른 공룡을 잡아먹고 살아야 하니까 어쩔 수 없지 않을까?

시원   그래도 티라노사우루스는 나쁜 공룡이에요.

나   정말? 착한 티라노사우루스는 없을까?

민성   없어요.

나   선생님은 티라노사우루스가 이런 말을 한번도 못 들어 봤다고 해서 약간 불쌍했어. 지금은 스피노사우루스도 안 잡아먹잖아.

준호   맞아요. 좀 착한 것 같기도 해요.

나   그리고 티라노사우루스가 스피노사우루스한테서 '고맙습니다' '대단해요' 그런 말들을 들을 때마다 마음이 따뜻해

	졌다고 했잖아. 마음이 따뜻해지는 건 뭘까?
준호	기분이 좋아지는 거예요.
민성	가슴이 두근거리는 거예요.
시원	사랑하게 되는 거예요.
나	와! 너희는 꼭 시인 같다.
아이들	시인이 뭔데요?
나	글쎄, 선생님도 정확히는 설명을 못하겠어.

이야기 마지막에 티라노사우루스는 스피노사우루스에게 빨간 열매 나무를 통째로 갖다주려다가 바다에 빠져 죽습니다. 죽기 전에는 이런 말을 남깁니다.

"난 괜찮으니까, 빨리 가거라. 가야 해! 얼른! 나, 널 만나서 정말 다행이었어." (본문 37쪽)

저는 이 그림책을 수도 없이 많이 읽어주었지만, 티라노사우루스가 죽기 전에 한 이 말을 읽을 때면 늘 목소리가 조금씩 떨립니다. 그리고 이 장면을 보고 있는 많은 사람의 눈에는 어른 아이 할 것 없이 눈물이 맺힙니다.

두 번이나 수업 중간에 종일반 교실로 되돌려보내진 시원이와는 네 번째 수업 때 『널 만나서 정말 다행이야』를 보았습니다. 그런데 책을 덮는 순간 문득, 이제껏 제가 시원이를 티라노사우루스로 여기고 있었다는 생각이 들었습니다. '담당 선생님한테 들은 대로 역시 공격적이야.', '다른 아이들을 괴롭히지 않으면 좋겠는데.', '제발 수업만 방해하지 말아라.' 이런 생각에 사로잡혀 있던 제가 부끄러워졌습니다. 그래서 그날부터 시원이가 티라노사우루스처럼 사나운 모습을 보일 때면 스피노사우루스가 했던 말을 해주려고 노력했습니다.

> "시원아, 오늘 시원이가 심은 식물이 시원이한테 고맙다고 전해달래."
> "시원이는 혼자서도 식물을 잘 심는구나. 대단하다."
> "시원이 오늘 너무 멋졌어. 수업 잘 해줘서 고마워."
> "오늘 시원이랑 수업해서 너무 재미있었어. 다음 주에도 시원이 빨리 만나면 좋겠다."
> "시원이가 식물을 살살 만져서, 식물이 지금 시원이한테 상냥하다고 말했어."

지난주에 시원이에게 미운 감정이 들었어도 이번 주까지 그 감정을 가져오지 않으려 했고, 수업 중간에 틈날 때마다 귓속말로 칭찬을 많이 해주었습니다. 물론 그렇다고 갑자기 시원이의 수업 태도가 달라지진 않았습니다. 잊을 만하면 어김없이 떼를 쓰고 친구들을 괴롭혔습니다. 하지만 초반처럼 수업 분위기를 엉망으로 만드는 일은 확실히 줄어서, 저는 훨씬 편하게 수업을 진행할 수 있었습니다. 그렇게 열세 번의 수업을 모두 마치고 시원이와는 헤어졌습니다. 지금은 초등학교에 다니고 있을 시원이. 귓속말로 칭찬을 해주면 제 얼굴을 빤히 쳐다보고는 자기 식물을 조심스레 만지던 모습이 지금도 눈에 선합니다.

만남에는 뜻이 있다

아이에게 배운다.

방과 후 초등학생 아이들을 돌봐주는 기관에서 아이들과 수업을 했습니다. 1학년부터 4학년 아이들 열 명이 참가했습니다. 모두 네 번의 수업 가운데 두 번째 수업 때의 일입니다. 한참 꽃꽂이를 하고 있는데 갑자기 한쪽에서 티격태격하는 소리가 들려왔습니다. 4학년 남호와 1학년 민수였습니다.

> **남호**   너는 벌 받아야 돼!
> **민수**   왜? 싫어! 나는 벌 안 받을 거야.
> **남호**   아니야, 너는 벌 받아야 돼.
> **민수**   아니야. 나 벌 안 받을 거야.

왜 그러는지 물어봐도 두 아이 다 흥분한 상태라 제 목소리가 안 들리는 듯했습니다. 남호는 계속 다그치고 민수는 거의 울기 직전이 되었습니다. 저는 남호에게 '벌'이란 단어를 그만 말하라고 했습니다. 하지만 남호는 스스로도 제어가 안되는지 끊임없이 '벌'이란 단어를 내뱉었습니다. 심지어 다른 아이들에게 이런 말도 했습니다.

"민수가 벌 받아야 된다고 생각하는 사람 손들어 봐!"

함께 있는 동생들은 슬금슬금 눈치를 보며 손을 들었고, 민수는 더욱 울상이 되었습니다. 결국 참다못한 제가 남호에게 큰소리를 치며 상황은 끝났습니다.

"'벌'이란 단어를 다시 한번 말하면 선생님이 정말 화낼 거야."

수업이 끝날 때까지 남호는 더 이상 '벌'이란 단어를 꺼내지 않았습니다. 하지만 그때부터 분위기는 썰렁해졌고 그렇게 찜찜한 채로 수업이 끝났습니다. 수업을 마치고 기관장에게 아까 상황을 전했더니 이런 이야기를 들었습니다. "아닌 게 아니라 남호가 여기에 처음 왔을 때도 저한테 물어보더라고요. 여기서도 벌을 주느냐고요. 알고 보니 학교 담임 선생님이 벌 이야기를 그렇게 많이 하시나 봐요."

수업을 마치고 짐을 챙겨 나오는데 방금 함께 수업했던 아이들이 보였습니다. 아이들은 '무궁화꽃이 피었습니다'를 하고 있었습니다. 그 가운데에는 남호와 민수도 있었는데, 둘 다 아까 일은 까맣게 잊은 듯 신이 나서 뛰어다녔습니다.

빨강 파랑 강아지 공
지은이: 크리스 라쉬카
출판사: 지양어린이

『빨강 파랑 강아지 공』은 글 없는 그림책입니다. 당연히 등장하는 강아지에게도 이름이 없습니다. 그래서 책을 보기 전에 우선 강아지 이름을 아이들과 함께 정합니다. 아이들 입에서는 정말 다양한 이름이 나와 그 가운데 하나를 고르기도 어렵습니다. 정하기 어려울 때면 저는 그냥 '흰둥이'로 부르자고 합니다.

흰둥이는 빨간 공을 좋아합니다. 그래서 놀 때나 잘 때나 언제나 빨간 공을 곁에 둡니다. 이른바 '애착 물건'입니다. 어느 날 흰둥이는 주인 아이와 함께 공원으로 산책을 나갑니다. 당연히 빨간 공도 갖고 나가지요. 그런데 공원에 산책 나온 다른 강아지가 실수로 빨간 공을 터뜨리고 맙니다.

나	큰일 났다. 저 빨간 공은 흰둥이가 무지 아끼는 건데.
민수	친구 강아지가 나빠요.
나	근데 일부러 그런 건 아니잖아. 같이 놀다가 그런 거니까. 그나저나 흰둥이는 기분이 어떨까?
세호	슬플 것 같아요.
태진	저는 화날 것 같아요.

흰둥이는 풀이 죽어 집으로 돌아옵니다. 주인 아이가 쓰다듬어 주어도 기분은 나아지지 않았습니다. 어떻게 해야 흰둥이의 기분이 나아질까요? 똑같은 빨간 공을 사 주면 될까요? 아니면 좋아하는 간식을 주면 될까요? 풀이 죽은 흰둥이 모습에 주인 아이도 덩달아 기분이 좋지 않습니다. 그래서 주인 아이는 혹시 기분이 나아질까 싶어 흰둥이를 데리고 다시 공원으로 산책을 나갑니다. 그런데 아까 빨간 공은 터뜨렸던 친구 강아지가 흰둥이 앞에 다시 나타납니다. 친구 강아지의 주인 아이는 흰둥이에게 파란 공을 선물합니다.

나	흰둥이가 저 파란 공을 받고 기분이 좋아질까?
세호	네, 좋아질 것 같아요.
나	빨간 공이 아닌데? 선생님은 똑같은 빨간 공을 달라고 할 것 같은데.
민수	그래도 친구가 미안하다고 선물을 주니까 좋을 거 같아요.

 아이들 생각이 맞았습니다. 흰둥이는 언제 슬퍼했냐는 듯이 친구 강아지와 함께 파란 공을 갖고 신나게 놉니다. 그리고 이제 파란 공은 빨간 공을 대신해서 늘 흰둥이 곁에 있습니다.

 저는 『빨강 파랑 강아지 공』의 두 마리 강아지를 볼 때마다 제가 만나는 아이들을 보는 것 같습니다. 아이들은 서로 죽이 맞아 사이좋게 노는 것 같다가도 어느 순간 무언가 부딪치면 금세 얼굴을 붉히며 티격태격 다툽니다. 하지만 시간이 흐르면 언제 다투었냐는 듯 다시 처음처럼 사이좋게 놉니다. 상대방에 대한 서운한 감정을 마음속 깊이 담아두는 게 어른이라면, 아이들은 뒤끝이 없어 보입니다. 어른에 비해 인간관계가 훨씬 유연합니다.

 유치원에서 수업할 때의 일입니다. 강당에서 수업을 마친 아이들은 화분을 들고 줄지어 교실로 향했습니다. 그러다가 한 아이가 자신의 화분을 떨어뜨리고 말았습니다. 앞뒤로 바싹 붙어 가다 보니 앞 아이와 부딪친 겁니다. 당연히 화분은 깨졌고 아이는 깜짝 놀라며 울상이 되었습니다. 앞에 가던 아이도 뒤를 돌아보고는 어쩔 줄 몰라 했습니다. 하지만 이미 깨진 화분은 다시 붙을 리 없습니다. 저는 재빨리 새 화분을 가져와 식물을 옮겨 심어주었습니다. 그리고 다시 심은 식물을 쓰다듬으며 아이에게 말했습니다.

"민재야, 아이비가 좀 놀랐겠지만 다시 새 집에 들어갔으니까 괜찮을 거야. 민재가 한번 아이비를 쓰다듬어 줄래?"

민재는 조심스레 아이비를 쓰다듬어 주었습니다. 표정을 보니 아기를 쓰다듬어 주는 아빠 같기도 하고 동생을 쓰다듬어 주는 형 같기도 했습니다. 저는 다시 심은 아이비 화분을 제 귀에 가까이 대고는 아이비가 하는 말을 민재에게 전해주었습니다.

"다행이다. 지금 아이비는 새 화분이 더 마음에 든대. 그리고 민재가 자기를 쓰다듬어 주어서 기분이 좋대. 민재를 형이라고 부르겠다는데?"

아이비의 마음을 전하며 위로해준 덕분인지 민재의 표정은 금세 밝아졌습니다. 다시 한번 아이비의 잎사귀를 쓰다듬어 주더니, 조심스레 화분을 들고 교실로 돌아갔습니다. 만약 이 상황이 어른들 사이에 벌어졌다면 어땠을까요? 앞 사람과 잘잘못을 가리며 명확한 책임을 요구했을 수도 있고, 서로 큰소리를 내며 감정싸움으로 갔을지도 모를 일입니다.

저는 4학년 남호와 1학년 민수를 그 후로 두 번 더 만났습니다. 두 번의 수업 동안 시끄럽게 떠드는 건 변함없었지만, 다행히 서로 기분 상하게 하는 말은 오가지 않았습니다. 오히려 더 친해진 듯 보이기도 했습니다. 물론 이 과정에서 제가 둘 사이를 위해서 한 일은 아무것도 없습니다. 그저 그림책을 읽어주고 함께 화분에 식물을 심고 꽃을 꽂았을 뿐입니다. 아이들과 원예 수업을 처음 시작한 2006년부터 항상 느끼는 사실이지만, 언제나 아이가 어른보다 낫습니다. 어른은 아이에게 늘 배워야 합니다.

선을 지우는 아이들

요즘에는 다문화가정 아이들이 정말 많습니다. 최근에 수업을 한 초등학교에는 전교생의 절반 정도가 다문화가정 아이들이었습니다. 중국에서 살다 온 아이들도 많았고, 한국에서 태어나 자랐지만 집에서는 중국어를 쓰는 아이들도 많았습니다. 그래서 이 학교에서는 교실마다 담임 교사 이외에 중국어를 하는 교사가 따로 있고, 가정통신문도 한국어와 중국어 두 언어로 나갔습니다. 저와 수업을 한 저학년 아이들도 여섯 명 가운데 네 명이 엄마나 아빠, 아니면 엄마, 아빠 둘 다 중국인이었습니다.

10월의 어느 날, 이 아이들과 잎사귀가 빨갛게 물들기 시작한 식물 '남천'으로 수업을 했습니다. 나눠주기 전에 특징을 알려주었습니다.

"남천은 가을이 되면 이렇게 잎사귀가 빨갛게 물들어. 그리고 지금은 태어난 지 1년도 안 된 아기 나무라서 힘들지만 좀 더 크면 여름에는 하얀 꽃을 피우고 꽃이 진 자리에 빨간 열매도 달릴 거야. 참, '남천'의 '남'은 '남쪽', '천'은 '하늘'을 뜻해. 그러니까 '남쪽 하늘'이란 뜻이지. 왜 그런 이름이 붙었는지는 선생님도 잘 모르겠어. 얘가 남쪽 하늘 쳐다보는 걸 좋아해서 그럴까?"

남천을 손에 든 채 한참 이야기를 하고 있는데, 2학년 소연이가 재빨리 종이에 '南天'이라고 적어 저에게 보여주었습니다.

소연   선생님, '남천' 이렇게 쓰는 거죠? 엄마가 한자를 많이 알면 대학 들어갈 때 좋다고 했어요."

나   와, 소연이 대단하네! 한자를 잘 아는구나. 선생님은 한자 잘 모르는데.

그런데 곧이어 예상치 못한 친구들의 공격이 시작되었습니다.

"한자보다 영어를 많이 알아야 돼."
"맞아, 한자는 잘 몰라도 돼."
"우리 엄마가 영어를 잘해야 대학 들어갈 수 있다고 했어."

'남천'을 한자로 썼던 소연이는 얼굴이 붉어지며 우물쭈물했습니다. 어쩔 수 없이 제가 끼어들어 마무리를 했습니다.

"얘들아, 영어도 많이 알면 좋고 한자도 많이 알면 좋은 거야. 뭐든지 많이 알면 좋잖아. 이제 그 이야기는 그만하자!"

저는 아이들의 관심을 돌리려고 재빨리 남천을 나눠주었습니다. 그리고 각자 자기 남천을 관찰하도록 했습니다.

나	얘들아, 자기 남천에서 가장 빨간 잎 한번 찾아볼래?
소연	선생님, 여기 보세요. 엄청 빨간 잎 있어요.
나	정말 엄청 빨간 잎이다.
종서	선생님, 제 것도 엄청 빨개요.
나	그러네. 얘는 너무 빨개서 검정색 같다. 얘들아, 이번엔 가장 작은 잎도 찾아봐.
동현	여기 아주 작은 잎 있어요. 너무 작아요.
나	그 잎은 태어난 지 얼마 안 되었나 보다.
동현	어제 태어났어요?
나	정확히는 모르겠는데 며칠 안 된 것 같아.
소연	그럼 얘는요?

그 후 수업은 별일 없이 잘 진행되었습니다. 그리고 마지막으로 화분에 이름표 꽂는 시간이 되었습니다. 원래 이름표에는 아이들이 직접 이름을 쓰지만, 이날만큼은 제가 직접 이름을 적어주었습니다. '남천'뿐만 아니라 한자(漢字) '南天'과 영어 이름 'Nandina', 그리고 일본 이름 'なんてん'까지 한 이름표에 같이 써서 아이들 화분에 꽂아주었습니다.

거미 아난시
지은이: 제럴드 맥더멋
옮긴이: 윤인웅
출판사: 열린 어린이

『거미 아난시』는 원래 아프리카 가나에 전해져 내려오는 옛이야기입니다. 이 이야기를 그림책으로 만든 제럴드 맥더멋(Gerald McDermott, 1941~2012)은 미국의 그림책 작가이자 신화 전문가로, 아프리카 가나 이외에도 북서태평양 연안, 서아프리카, 미국 남서부, 하와이, 아마존 밀림 등 신화가 바탕이 된 세계 여러 지역의 옛이야기를 그림책으로 만들었습니다. 제럴드 맥더멋의 작품들은 대개 처음 들어보는 이야기들이지만, 이제껏 외국 옛이야기라고 하면 샤를 페로나 그림 형제, 안데르센의 작품들만 떠올리던 우리들에게 문화의 균형감을 맞추어주는 좋은 역할을 합니다.

아난시는 아빠 거미입니다. 그에게는 '큰일 났다', '길 내기', '강물 다 마셔', '먹잇감 손질', '돌 던져', '방석'이라는 이름을 가진 여섯 아들이 있었습니다. 여섯 아들의 몸에는 각각 이름에 어울리는 상징이 그려져 있는데, 예를 들어 '강물 다 마셔'는 물결무늬, '먹잇감 손질'은 가위입니다.

어느 날 아빠 거미 아난시는 집에 돌아오는 길에 잘못해서 강에 빠져 물고기에게 잡아먹히고 맙니다. 그러자 첫째 '큰일 났다'부터 막내 '방석'까지 여섯 아들이 차례로 자신의 능력을 발휘해 아빠를 구해냅니다. 누구 하나라도 없었다면 불가능한 일이었습니다. 그런데 이렇게 흐뭇하게 끝날 것 같던 이야기에 갈등이 생깁니다. 다 함께 집으로 돌아오는 길에 아빠 거미 아난시가 숲속에서 빛나는 큰 구슬을 하나 발견한 겁니다. 아난시는 이 구슬을 자신을 구해준 아들에게 주기로 마음먹지만, 구슬은 하나이고 아이들은 여섯입니다.

"구슬을 여섯 조각으로 잘라 주면 되잖아요?"

이 장면에서 아이들이 가장 많이 하는 말입니다. 물론 구슬을 여섯 조각으로 나눌 수 있다면 아무 문제없겠지요. 하지만 세상은 늘 우리에게 고민거리를 던져줍니다.

나 근데 구슬이 딱딱한지 안 잘린대. 그래서 한 명한테 줘야 하는데 누구한테 주지?

소연 '큰일 났다'요. 아빠가 위험한 걸 알아냈잖아요.

종서 '길 내기'가 거미줄을 만들어서 갔어요.

동현 '강물 다 마셔'가 없었으면 물고기는 안 죽었어요.

은지 '먹잇감 손질'이 아빠를 물고기 배 속에서 꺼냈어요.

효은 '돌 던져'가 매한테 돌을 맞춰서 아빠를 구한 거잖아요. 그러니까 '돌 던져'한테 줘야 돼요.

명빈 '방석'이 없으면 아빠는 땅에 떨어져 죽었을 거예요.

아이들이 말한 대로 여섯 아들도 자기 덕분에 아빠가 살았다며 밤새 입씨름을 합니다. 하지만 결국 구슬은 주인을 못 찾고 하늘로 올라가 달이 되었습니다. 여섯 아들은 각각 다른 능력을 가진 덕분에 힘을 합쳐 아빠를 구했지만, 한편 이것 때문에 그 어느 누구도 구슬을 갖지 못하게 된 겁니다.

남천으로 수업을 하고 나서 한 달쯤 지났을 때입니다. 이번에 저는 칼랑코에를 준비했습니다. 아이들은 커다란 종이 위에 자신의 칼랑코에를 올려놓고 그 주위에 자신이 살고 싶은 집과 마을을 색연필로 그렸습니다. 저는 옆에서 구경하다가 이 집과 저 집을 잇는 길을 그려주기도 하고, 이 마을과 저 마을 중간에 꽃밭을 그려주기도 했습니다. 그리고 아이들이 그린 집 윗부분에 각각 아이들 이름의 가운데 글자를 적어주었습니다. '이태용'이면 '태', 노은영이면 '은'처럼 말이지요. 그러자 지난번에 남천을 한자로 썼던 소연이가 말했습니다.

소연 저는 한자(漢字)를 많이 알아요. 제 이름도 한자로 쓸 수 있어요.

나 맞아, 소연이는 지난번에 '남천'도 한자로 썼잖아. 집에서 한자 공부를 따로 하니?

소연 저는 중국에서 태어났거든요. 엄마, 아빠 둘 다 중국 사람이에요.

나 그래? 중국 어디에서 태어났어?

소연 광저우요.

나 그렇구나. 광저우에서 태어났구나. 선생님도 광저우 가 보고 싶은데 아직 못 가 봤어.

소연 (으쓱으쓱) 그런데 저도 어릴 때 살아서 기억은 잘 안 나요.

종서   선생님, 우리 엄마도 중국 사람이에요.
나   그래? 그럼 종서도 중국에서 태어났니?
종서   아니요. 저는 여기 서울에 있는 제일산부인과에서 태어났어요.

  남천과 칼랑코에를 심은 아이들은 모두 태어난 곳, 자란 곳도 다르고 엄마, 아빠의 국적도 제각각이었습니다. 하지만 중요한 건 지금 이 아이들이 모두 같은 학교 같은 교실에 모여 함께 이야기를 나누고 있다는 사실입니다. 저는 이 아이들이 거미 아난시의 여섯 아들 같다는 생각이 듭니다. 거미 아난시의 여섯 아들은 모두 타고난 능력이 달랐습니다. 그래서 힘을 합쳐야만 아빠를 구할 수 있었습니다. 아이들 또한 출신과 배경 그리고 성장과정을 비롯해 모든 것이 다릅니다. 하지만 지금 어른들은 그 다른 것들을 한데 모아 힘을 합치기보다는, 보이지 않는 선(線)을 그어 이쪽과 저쪽으로 구분 짓고 비교하기 바쁩니다. 그래서 아이들은 때로는 그 선에 걸려 넘어지기도 하고 다치기도 합니다. 그럼에도 불구하고 저는 아이들에게서 희망을 봅니다. 아이들은 어른들보다 똘똘하므로 언젠가는 그 선을 모두 지워버리고 힘을 합쳐 이 세상을 좀 더 나아지게 만들 거라고 믿습니다. 아니, 아이들은 벌써 그렇게 하고 있는데, 어른들만 모르고 있는지도 모르겠습니다. 여섯 아들 그 누구에게도 가지 않고 하늘로 올라간 달이 열심히 선을 지우며 살아가는 이 땅의 모든 아이들에게 환한 달빛을 골고루 비춰주길 바랍니다.

가는 말 오는 말

초등학교 고학년 아이들 열 명과 매주 한 번씩 수업을 했습니다. 여러 책상에 나눠 앉다 보니 학년이 다른 아이들이 함께 앉기도 했는데, 하루는 한 책상에 4학년 여자아이 수아와 6학년 여자아이 은지가 나란히 앉았습니다. 수업은 이미 여러 번 했어도 둘은 처음 함께 앉는 거라서 약간 어색해 보였습니다. 화분에 꽂을 이름표에 식물 이름을 적을 때였습니다. 아이들에게 각각 네임펜 세트를 나눠주었지만 없는 색깔이 있었나 봅니다.

수아   (은지의 네임펜을 가리키며) 빨간색 좀 써도 될까요?
은지   네, 쓰셔도 돼요.

수아	감사합니다. 제 것 중에도 필요한 게 있으면 말씀하세요.
은지	네, 그럴게요. 감사합니다.

마치 업무로 처음 만난 어른들처럼 서로 극존칭을 쓰는 게 너무 재미있어 보였습니다.

나	너희는 왜 서로 반말 안 해? 수아야, 처음 봤어도 '언니, 이거 써도 돼?' 그렇게 말할 수도 있잖아. 같은 학교 언니인데.
수아	저는 그냥 이렇게 해요.
나	그리고 은지는 6학년인데 왜 4학년 동생한테 그렇게 존댓말을 써?
은지	저도 여기서 첨 봤으니까요.
나	(다른 아이들을 보면서) 정말? 너희도 다 그러니?
아이들	네, 저희도 그래요.
나	그래? 이상한데. 너희만 그러는 거 아닐까?
아이들	아니에요! 다른 애들도 다 그래요.

생각해 보면 어른들끼리는 처음 보면 나이 상관없이 서로 존댓말을 씁니다. 그게 당연한 예의입니다. 그런데 왜 저는 아이들

끼리 존댓말 쓰는 건 이상하게 여겼을까요? 이 아이들도 이 수업에서 처음 본 사이인데 말이지요. 이상하지도 않은 일을 이상하다고 생각한 제가 오히려 이상하게 여겨진 수업 시간이었습니다.

꿈틀이를 찾아 줘
지은이: 마이클 그레니엣
옮긴이: 김난주
출판사: 국민서관
(절판되었습니다. 도서관에서 볼 수 있습니다.)

『꿈틀이를 찾아 줘』는 '꿈틀이'라는 이름의 애벌레 이야기입니다. 꿈틀이는 하루 종일 꿈틀꿈틀 돌아다니다가 밤이 되자 잠자리를 찾아 나무 위로 올라갑니다. 그리고 자기 몸에 딱 맞는 나뭇가지를 침대 삼아 자려고 했습니다. 그런데 잠들려고 할 때마다 거미, 메뚜기, 무당벌레, 나비, 풍뎅이가 차례로 찾아와 함께 자도 되냐고 묻습니다. 꿈틀이는 거절 한번 하지 않고 조금씩 몸을 움츠려 자리를 만들어줍니다. 그렇게 다섯 친구와 한 나뭇가지에서 함께 잡니다. 그런데 한밤중에 꿈틀이가 갑자기 사라져 버리고 맙니다. 함께 자던 친구들은 다음 날 아침이 되어서야 그 사실을 알고 여기저기로 찾아다니지만 꿈틀이는 어디에도 없었습니다. 초등학교 저학년 아이들과 이런 대화를 나눴습니다.

나 꿈틀이는 도대체 어디로 갔을까?

명호 나무속으로 들어간 것 같아요.

나 아, 나무껍질 사이에 틈이 있을 수 있겠구나. 근데 그럼 친구들이 봤겠지.

주은 자다가 좁아서 아래로 떨어진 거 아닐까요?

나 맞아. 선생님도 자면서 움직이는데.

주은 저는 막 뒹굴면서 자요.

나 하지만 아래로 떨어졌으면 친구들이 찾았겠지. 혹시 잡아먹힌 거 아닐까?

명호 누구한테요?

나 밤에 사냥하는 새들 있잖아. 올빼미나 부엉이.

세미 저는 꿈틀이가 번데기로 된 것 같아요.

나 애벌레는 나중에 번데기가 되기는 하지만, 그러면 못 움직이니까 그 자리에 그대로 있었겠지. 정말 궁금하다. 꿈틀이는 도대체 어디로 갔을까?

결국 꿈틀이의 행방을 못 찾은 채 이야기는 끝납니다. 책을 덮고 나서 저는 아이들과 함께 화분에 식물을 심습니다. 그리고 오늘밤 이 화분에 꿈틀이가 자러 오길 기다리기로 합니다. 꿈틀이는 친구를 좋아하니 친구 애벌레가 있으면 더 오고 싶겠지요? 저는 흔히 '모루'라고 부르는 털실 붙은 철사로 애벌레를 만들어 잎사귀 위에 올려놓아 줍니다.

나　　오늘 밤에 꿈틀이가 친구 애벌레 만나러 오는지 잘 봐야 돼. 알았지?

주은　정말 꿈틀이가 와요?

나　　오늘 밤에 올 수도 있고 내일 밤에 올 수도 있지. 아니면 다른 날 밤에 올 수도 있고.

세미　저는 꿈틀이 들어오라고 창문 열어놓을 거예요.

명호　(잎사귀를 만지며) 꿈틀이가 오면 여기서 자면 될 것 같아요.

나　　꿈틀이는 잠 잘 곳이 많아서 좋겠다.

주은　꼭 우리 집으로 오면 좋겠어요.

그림책 『꿈틀이를 찾아 줘』는 시종일관 같은 구도의 나뭇가지가 배경으로 나오고, 여러 곤충이 한 마리씩 차례로 나와 똑같은 대화를 반복하므로 아이들이 이야기에 몰입할 수밖에 없습니다. 하지만 제가 이 그림책을 좋아하는 가장 큰 이유는 무엇보다 꿈틀이와 친구들의 대화입니다. 맨 처음 꿈틀이 앞에 나타난 거미는 "거기, 참 편하겠다. 나도 거기서 자도 되니?"(본문 6쪽)라고 묻습니다. 이에 꿈틀이는 한 치의 망설임 없이 "그래"라고 대답하고는 자리를 내어주지요. 거미도 "고마워"라고 인사를 합니다. 이후 등장하는 메뚜기, 무당벌레, 나비, 풍뎅이 모두 거미와 마찬가지로 꿈틀이와 공손하고 상냥하게 이야기를 주고받습니다.

그렇다면 요즘 아이들 대부분이 꿈틀이와 친구들처럼, 그리고 4학년 수아와 6학년 은지처럼 공손하고 상냥하게 이야기를 주고받을까요? 실제로 초등학교에서 아이들끼리 이야기 나누는 걸 듣고 있으면 욕도 많이 쓰고 함부로 내뱉는 말도 많습니다. 초등학교 1학년 남자아이 민호와 서준이는 수업을 할 때마다 티격태격 말다툼을 했습니다. 민호는 계속 서준이의 비위에 거슬리는 말을 했고, 서준이는 그런 민호를 계속 저에게 일렀습니다. 매번 이 상황이 반복되다가 하루는 주먹다짐까지 갈 상황이 되었습니다. 저는 말리며 우선 민호에게 말했습니다.

"민호야, 같은 말이라도 좀 더 듣는 사람을 기분 좋게 할 수 있어. 방금도 서준이가 네 흙삽을 쓰려고 해서 화난 거잖아. 그럴 때는 내놓으라고 큰소리로 말하기 전에 '이건 내 흙삽이니까 딴 거 쓸래?'라고 말하면 돼. 서준이가 네 것인 줄 모르고 쓰려고 한 것 같았거든."

서준이에게도 말했습니다.

"서준아, 무조건 선생님한테 이른다고 해결되는 건 아니야. 네가 계속 선생님한테 이르면 민호는 더 기분 나쁘고 화날걸? 이르기 전에 왜 민호가 너 때문에 화났는지 한번 생각해 봐."

민호와 서준이가 제 말을 잘 받아들였는지는 모르겠습니다. 하지만 격해졌던 두 아이의 감정은 수그러들었고 수업은 다시 이어졌습니다. 잠시 후 화분에 색연필로 그림을 그리는데, 한 아이가 알록달록하게 화분에 색칠을 하다가 말했습니다. "저는 돈 많이 벌어서 저희 집도 이렇게 예쁘게 꾸밀 거예요." 그래서 저는 민호와 서준이에게도 물어봤습니다.

나	민호랑 서준이는 돈이 많이 생기면 무얼 하고 싶어?
민호	저는 엄마, 아빠한테 선물할 거예요. 아주 멋진 선물이요.
서준	저는 다른 데로 이사 가고 싶어요. 저희 집에 바퀴벌레가 너무 많거든요.

몇 분 전까지 붉으락푸르락 화난 얼굴로 욕을 하며 싸울 것 같던 두 아이의 입에서 나온 말 치고는 너무 사랑스럽고 귀여운 대답이었습니다.

어른들이 가장 많이 바라는 아이의 모습은 무엇일까요? 아마 공손하고 상냥하며 다른 사람의 말을 귀 기울여 듣는 아이일지 모르겠습니다. 솔직히 수업 때도 그런 아이가 가장 예뻐 보이는 게 어쩔 수 없는 사실입니다. 하지만 아이들에게는 그런 모습을 바라면서 막상 어른들은 아이들에게 어떤 모습을 많이 보이고 있을까요? 혹시 화내고 짜증내는 모습은 아닐까요? 말도 안 되는 소리로 윽박지르는 모습은 아닐까요? 어쩌면 꿈틀이도 원래부터 공손하고 상냥한 아이가 아니라 거미, 메뚜기, 무당벌레, 나비, 풍뎅이가 공손하고 상냥하게 말을 걸어주었기에, 공손하고 상냥하게 대답을 했던 게 아니었을까 생각해 봅니다. 표현이 공손하면 태도는 자연스레 공손해지는 것 같습니다.

그린핑거 호텔

아이들과 꽃 심기 수업을 할 때 많이 쓰는 꽃으로 '칼랑코에(Kalanchoe)'가 있습니다. 칼랑코에는 일 년 내내 언제나 구할 수 있고, 사계절 꽃을 피울 뿐만 아니라 한번 핀 꽃은 꽤 오래가니 아이들과 함께 심는 꽃으로 참 좋습니다. 게다가 요즘은 홑꽃인 칼랑코에를 개량한 겹꽃 품종 '칼란디바(Calandiva)'도 나와서 선택의 폭도 훨씬 넓어졌습니다. 아이들 또한 조그만 별처럼 생긴 귀여운 칼랑코에 꽃을 매우 좋아합니다.

 하지만 칼랑코에로 수업을 할 때 종종 곤란한 상황이 생기기도 하는데 바로 꽃 색깔 때문입니다. 제가 식물을 사는 곳에서는 대개 스무 개들이 상자 단위로 판매를 하는데요. 칼랑코에처럼 꽃 색깔이 여러 가지인 경우, 한 상자에 한 색깔이 아닌 네다섯 색깔이 들어 있습니다. 주황색 네 개, 빨간색 네 개, 분홍색 네 개, 노란색 네 개, 하얀색 네 개, 이런 식이지요. 물론 제 마음대로 색깔을 바꿀 수는 없습니다. 그래서 아이들 모두 자신이 원하는 색깔의 칼랑코에를 가지려다 보면 때로는 다투기도 하고 심지어 수업을 거부하는 아이도 생깁니다. 그럴 때는 한 아이라도 기분 상하지 않도록 잘 나눠주는 게 제 역할인데 쉽지만은 않습니다.

한번은 초등학교 고학년 아이들 여섯 명과 칼랑코에로 수업을 했습니다. 그날 저는 여유 있게 빨강, 주황, 노랑, 분홍, 하양 색깔을 각각 두 개씩, 모두 열두 개의 칼랑코에를 가져갔습니다.

나 칼랑코에 색깔 엄청 다양하지? 선생님은 다섯 가지 색깔이 다 예쁜데 너희 갖고 싶은 색깔 말해 봐.

아이들 (거의 동시에) 주황이요!

나 (당황스러운 표정으로) 정말? 다른 색깔 칼랑코에들이 자기 안 골라줬다고 슬퍼하겠다. 근데 주황은 두 개밖에 없고 너희는 여섯 명인데 어떻게 하지?

아이들 (거의 동시에) 주황색이 젤 예뻐요!

나 음…그럼 공평하게 사다리로 하는 건 어때? 사다리는 선생

	님이 그릴게.
민아	싫어요. 그건 운이잖아요. 그냥 '가위바위보'로 해요.
나	가위바위보? 그것도 운 아니야?
아이들	(거의 동시에) 아니요! '가위바위보'는 운 아니에요.
나	근데 '가위바위보' 해서 지면 화나지 않을까?
윤진	아니요! 운이 없어서 안 뽑히는 게 더 기분 나빠요.
나	좋아, 그럼 너희 뜻대로 '가위바위보'로 하자. 그 대신 결과는 다 받아들여야 해.
아이들	네!

 '사다리'나 '가위바위보'나 저는 똑같이 운이라 생각했는데 아이들은 그렇지 않았나 봅니다. '사다리'는 남이 그어놓은 선을 그저 따라가는 것뿐이니 운이고, '가위바위보'는 무얼 낼지 스스로 고민해서 정하니까 운이 아니라고 생각한 걸까요? 아무튼 아이들은 열심히 '가위바위보'를 했고, 결과에 깨끗하게 승복하며 자신만의 칼랑코에와 만났습니다.
 끝도 보이지 않는 사막에 사구아로 선인장들이 자라고 있습니다. (한국어 정식 명칭은 '사와로 선인장'이지만, 여기에서는 책에 나온 이름 그대로 씁니다.) 어느 날, 선인장 꼭대기에 붙어 있던 빨간 열매가 땅으로 떨어지며 까만 씨들이 쏟아져 나옵니다. 그 씨앗은

뜨거운 햇볕을 쬐고 시원한 비를 맞으며 땅속에서 무럭무럭 커 갔습니다.

선인장 호텔
지은이: 브렌다 기버슨
그린이: 메건 로이드
옮긴이: 이명희
출판사: 마루벌

선인장이 쉰 살이 되었을 무렵, 손님이 찾아오기 시작했습니다. 첫 손님은 딱따구리였습니다. 딱따구리는 선인장 몸에 구멍을 내어 방을 만들고 그 안에서 살기로 했습니다.

혁주 딱따구리가 구멍을 내면 선인장이 아프지 않아요?

나 너희도 다쳐서 상처 난 부분에 나중에 딱지가 생겼다가 떨어지잖아. 그것처럼 딱따구리가 판 구멍 끝에도 새로 껍질이 생겨서 괜찮대.

경민 저는 저거 알아요. 서로 돕고 사는 거예요. 개미랑 진딧물도 그렇게 해요.

나 맞아. 선인장이 딱따구리한테 살 집을 주는 대신에 딱따구리는 선인장 몸에 붙어 있는 해로운 벌레들을 잡아먹는 거야.

딱따구리가 자리 잡은 이후 좋은 호텔로 소문이 났는지 여기저기에서 많은 동물이 찾아왔습니다. 그리고 새로 구멍을 뚫고 자기 방을 만들었습니다. 살다가 다른 곳으로 떠나는 동물들도 있고, 선인장의 다른 빈 구멍으로 방을 옮기는 동물들도 있었습니다. 선인장은 쉬지 않고 계속 자랐습니다. 그리고 이백 살이 되었을 무렵, 어느 날 바람에 휩쓸려 쿵 쓰러졌습니다. 선인장은 누렇게 변했고 지네, 전갈, 개미처럼 다른 동물들이 선인장 호텔의 새 손님이 되었습니다.

경민   선인장이 왜 노랗게 돼요?

나   죽어서 그렇게 된 거야. 사람도 그렇거든.

혁주   사람도 죽으면 노랗게 돼요?

나   사람은 하얗게 돼. 선생님이 엄마, 아빠 하늘나라 가실 때 옆에서 지켜봤는데, 돌아가시고 시간이 좀 지나니까 얼굴이 하얗게 되셨어. 우리 몸에 빨간 피가 있잖아. 그게 죽으면 안 돌아다녀서 그런 거야.

혁주   선생님은 그럼 이제 엄마, 아빠 없어요?

나	응. 다 하늘나라 가셨지. 하지만 나중에 선생님도 하늘나라 가면 다시 만날 거야.

 사람이 죽으면 이 세상에서 사라지듯 선인장도 사라졌습니다. 대신 죽은 선인장이 평생 뿌린 씨앗 덕분에 사막에는 새로운 선인장들이 빽빽하게 들어찼습니다. 선인장은 생물로서 중요한 임무 가운데 하나인 '번식'을 잘 마치고 이 세상을 떠난 겁니다. 하지만 이 세상에서 선인장이 한 일이 단지 '번식'만은 아니었습니다. 동물들이 안심하고 편안하게 살 수 있는 공간을 마련해 주고 품어주었습니다. 아마 그 일 덕분에 선인장은 자신의 또 다른 존재 의미를 찾았고, 이 세상에서 사라질 때도 결코 아쉬워하지 않았을 것 같습니다.

 저는 아이들에게 『선인장 호텔』을 읽어줄 때마다 저 또한 선인장 호텔을 닮은 '그린핑거 호텔'이 될 수 있을까 생각해 봅니다. 아이들은 모두 자신만의 공간을 갖고 싶어 하고, 그 공간에서의 삶을 보호받고 싶어 합니다. 그렇다면 저는 자신만의 공간을 찾아 저에게 날아온 아이들을 아무 조건 없이 모두 받아주었을까요? 그리고 그 아이의 삶을 보호해 주었을까요? '저 아이가 여기에 있으면 분명 다른 아이들과 싸울 텐데.'라든가 '저 아이는 늘 제멋대로라서 내가 힘든데.', '저 아이 때문에 수업 분위기가 엉망이 될 텐데.'라고 생각하며 밀쳐낸 아이는 없었을까요? 자신이 원하는 색깔의 칼랑코에가 아니면 수업을 안 하겠다고 떼쓰는 아이이든, '가위바위보'에서 꼴찌를 했지만 결과에 승복하며 칼랑코에를 고르는 아이이든, 그 어떤 구분도 짓지 않고 골고루 품어주는 '그린핑거 호텔'이 되고 싶습니다. 저는 선인장처럼 몸에 뾰족한 가시가 없으니까 저만 잘한다면 아이들이 훨씬 더 많이 날아오지 않을까 하는 가느다란 희망을 가져 봅니다.

더 읽어주면 좋은 그림책 5

우리는 어렸을 때 배웠습니다. 친구와는 사이좋게 지내야 하고, 잘못을 하면 사과를 해야 하며, 힘이 약한 친구는 도와주어야 한다고요. 하지만 우리는 어른이 되어가면서 이런 약속들을 지키기 어렵다는 사실을 서서히 깨닫습니다. 그래서 우리는 아이들에게 희망을 가질 수밖에 없습니다. 아이들에게는 아직 그 약속을 지켜나갈 힘이 있기 때문입니다.

🍏 『어떤 느낌일까?』 (나카야마 치나쓰 글, 와다 마코토 그림/보림)
친구들의 상처에 대한 공감 능력이 뛰어난 아이가 있습니다. 그 마음 그대로 어른으로 성장하면 좋겠습니다.

🍏 『폭설』 (존 로코 지음/다림)
아이는 위험을 무릅쓰고 이웃들을 돕고 당연하게 여깁니다. 어른들에게도 이런 마음이 남아 있으면 좋겠습니다.

🍏 『춤추고 싶어요』 (김대규 지음/비룡소)
하루 종일 춤만 추는 사자와 하루 종일 피리만 부는 소년이 있습니다. 둘은 춤과 피리로 어른들의 전쟁을 멈춥니다.

🍏 『로쿠베, 조금만 기다려』 (하이타니 겐지로 글, 초신타 그림/양철북)
구덩이에 빠져 혼자 못 나오는 개 로쿠베를 아이들은 끝까지 포기하지 않고 결국은 구해냅니다.

🍏 『우리 친구 하자』 (앤서니 브라운 지음/현북스)
어른 사이에는 벽이 있지만 아이 사이에는 벽이 없습니다. 한 아이가 꽃을 주고 한 아이는 꽃을 받습니다.

🍏 『우리 개를 찾아 주세요!』 (에즈라 잭 키츠, 팻 셰어 지음/베틀북)
다른 언어와 피부가 아이들에게 장벽이 될 수 없습니다. 아이들은 힘을 합쳐 친구의 잃어버린 개를 찾습니다.

🍏 『애너벨과 신기한 털실』 (맥 바넷 글, 존 클라센 그림/길벗어린이)
욕심 없는 아이에게는 보이고 욕심 많은 어른에게는 안 보이는 털실이 있습니다. 저도 보고 싶습니다.

🍏 『리디아의 정원』 (사라 스튜어트 글, 데이비드 스몰 그림/시공주니어)
리디아는 힘든 상황에서도 웃음을 잃지 않습니다. 늘 인상만 쓰는 외삼촌까지도 결국 웃게 만듭니다.

🍏 『잠에서 깨어난 집』 (마틴 비드마르크 글, 에밀리아 지우바크 그림/고래이야기)
아이는 집 안에만 틀어박혀 지내는 할아버지에게 손을 내밉니다. 그리고 함께 밖으로 나옵니다.

🍏 『도망쳐, 아자드!』 (에리카 라 지음/미래아이)
아이는 어른에게 버림받고 상처를 받았지만 결코 원망하지 않습니다. 그저 씩씩하게 자신의 길을 걸어갈 뿐입니다.

그림책을 재미있게 읽어주는 팁 ④

읽어달라며 책을 너무 많이 가지고 올 때

"저는 하루 종일 일하고 돌아와 너무 피곤한데, 아이는 자기 전에 그림책을 잔뜩 들고 와서 읽어달라고 해요. 그림책을 읽어주며 이야기 나누는 게 좋은 건 알겠지만 힘들어서 저는 도저히 다 못 읽어주겠더라고요. 한두 권만 읽어주고 빨리 자고 싶은 게 솔직한 심정이에요."

어느 유치원의 학부모 연수 때 한 어머니가 한 말입니다. 휴대폰이나 게임기처럼 재미있는 게 넘쳐나는 세상에 아이가 엄마, 아빠에게 그림책을 여러 권 들고 와서 읽어달라는 건 사실 곤란해하기보다 칭찬해주어야 할 일입니다. 하지만 아무리 아이가 사랑스러워도 읽어주는 어른의 몸이 피곤하면 마음을 담아 읽어주기가 쉽지 않습니다.

저 또한 제 아이들이 어릴 때 비슷한 경험을 했습니다. 특히 큰아이는 매일 자기 전에 좋아하는 그림책을 잔뜩 가져와 읽어달라고 했습니다. 물론 처음에는 다 읽어주려 했습니다. 하지만 하루하루 지나며 점점 읽어주는 게 힘들어졌습니다. 그러던 어느 날 책을 읽어주려다가 문득 방바닥에 굴러다니는 미니카들이 눈에 들어왔습니다.
"재환아, 아빠랑 게임 할래? 네가 읽어달라고 가져온 그림책들 있잖아. 저기 벽에 나란히 세워놓고 아빠랑 여기서 미니카를 굴리는 거야. 미니카가 가장 가까이 가서 멈춘 책을 읽기로 하자."
그 당시 한창 미니카를 좋아하던 큰아이는 제 의견에 솔깃해 했습니다. 그래서 열 권 남짓의 그림책을 나란히 세워놓은 다음, 미니카를 굴려서 가장 가까이 간 두 권만 읽어주고 잠자리에 들었습니다. 이 놀이는 그 후로도 계속되었습니다. 늘 미니카는 아니었고, 종이비행기를 날릴 때도 있고 공을 굴릴 때도 있었습니다. 돌이켜보면 그 당시 저는 좀 더 많은 그림책을 읽어주지는 못했어도 분명 아이와 즐거운 시간을 보냈습니다. 아이에게 그림책을 많이 읽어주는 건 당연히 좋은 일이지만, 그게 엄마, 아빠의 의무가 되고 몸이 힘들다면 결코 바람직한 일은 아닌 것 같습니다. 아이가 진짜 원하는 건 '재미있는 그림책'보다 '엄마, 아빠와 함께 즐기는 시간'일 테니까요.

책을 읽어주는데 아이가 집중을 하지 않을 때

"그림책을 읽어줄 때 아이가 자꾸 돌아다니며 딴짓을 하는데 어떻게 하죠?"라는 질문을 학부모들에게 자주 받습니다. 그러면 저는 농담 삼아 "아이를 밧줄로 의자에 묶어 놓으시면 됩니다."라고 말합니다. 집은 유치원이나 학교처럼 규칙이 없으므로 아이에게는 매우 자유롭고 편안한 공간입니다. 따라서 아이가 돌아다니는 건 너무나 당연한 일입니다.

아이가 계속 앉아 있지 못하는 게 마음에 걸린다면, 아이 앞에 도화지와 색연필을 놓아주는 것도 방법입니다. 그러면 아이는 엄마, 아빠가 그림책을 읽어주는 동안 책을 보다가 자연스레 그림도 그리고, 그러다가 다시 책을 봅니다. 아이들은 대부분 그림 그리는 걸 좋아하므로 자리에 잘 앉아 있습니다. 물론 도화지와 색연필이 아니라 아이가 좋아하는 장난감이나 물건이어도 상관없습니다. 아이는 자신이 자리에 계속 앉아 있다는 걸 의식하지 않은 채 엄마, 아빠가 들려주는 이야기를 들으며 놀 수 있습니다.

마지막으로 제가 아이들에게 그림책을 읽어주며 늘 놀라는 사실 하나를 말씀드립니다. 돌아다니며 딴짓만 하는 것 같은 아이들도 실은 이야기를 다 듣고 있습니다. 유치원이나 학교에서 아이들에게 그림책을 읽어주다 보면 끝까지 자리에 앉아서 열심히 보는 아이만 있는 건 아닙니다. 그래서 저는 아이들이 다 앉지 않더라도 일단 읽어주기 시작합니다. '읽어주기'의 힘을 믿어보는 겁니다.『똥떡』의 '엄마는 준호의 똥 묻은 옷을 벗기며 말했어요.' 같은 문장을 읽어주면, 저쪽에서 장난감을 갖고 놀던 아이가 갑자기 뛰어와서는 "어디요? 어디에 똥이 묻었는데요?"라고 물으며 그림을 보기도 합니다. 분명 그림책을 한 번도 안 쳐다보고 장난감만 갖고 논 아이였는데, 나중에 저에게 그 그림책의 재미있었던 장면을 말해주기도 합니다. 이럴 때면 저는 정말 깜짝 놀랍니다. 이 정도면 정말 '책 읽어주기'는 마법이 아닐까 생각이 들기도 합니다.

200번 넘게 읽어준 그림책

초판 발행 2024년 2월 15일

지은이 이태용

펴낸이 박해진
펴낸곳 도서출판 학고재
등록 2013년 6월 18일 제2013-000186호
주소 서울시 영등포구 경인로 775 에이스하이테크시티 2-804
전화 02-745-1722(편집) 070-7404-2791(마케팅)
팩스 02-3210-2775
전자우편 hakgojae@gmail.com
페이스북 www.facebook.com/hakgojae

ISBN 978-89-5625-463-0 (13700)
값 16,000원

이 책은 저작권법에 의해 한국 내에서 보호를 받는 저작물이므로 무단전재와 복제를 금합니다.